⚾ 기본 기술과 전략을 위한 ⚾

速成 野球 마스터

스포츠書籍編輯室

일신서적출판사

명투수들이 던지는 볼은 시속 140 km 이상
의 속도로 날아간다. 단련된 근력과 연습에
의해서 인간의 몸이 용수철로 되는 것이다.

Pitching 피 칭

제일생명

Batting
배 팅

강타자들은 타구를 120 m 이상 멀리 보낸다. 정신과 육체가 배트의 한 점에 집중되어 볼을 때릴 때 순간적인 순발력이 위력을 발휘한다.

호수비들에게는 일순간의 망설임도 허용되
지 않는다. 타구 소리와 함께 몸이 그 방향
으로 움직여서 정확하게 볼을 포착한다. 기
민한 운동신경과 직감력이 약동해야 한다.

슬라이딩

슬라이딩의 목적은 터치를 피하는데 있다. 계속 달려서 관성이 있는 몸을 재빨리 안전하게 정지시킨다. 슬라이딩은 아슬아슬하게 아웃이나, 세이프가 될 때 위력을 발휘한다.

●─────── 머리말

　요즘 우리 나라에서도 야구 붐이 일어나 야구를 즐기는 사람들이 많이 늘어났다. 일을 하는 틈틈이, 곧 점심 후의 휴식 시간 등을 이용하여 빌딩의 옥상에서, 그리고 좁은 골목길에서도 공을 던지고 받는 연습을 하는 사람들을 흔히 볼 수 있다. 아침 일찍부터 나이터 설비가 있는 야구장에서는 심야까지 각각 흰 공을 쫓아 야구에 열을 올리고 있으며, 고교야구로부터 프로야구까지 일년내내 사랑받고 있는 것이 야구라 해도 좋을 정도다.

　나 자신도 이 야구의 매력에 홀린 한 사람이다. 학생 시절에는 흰 공이 보이지 않을 때까지 타격, 수비 연습을 되풀이했으며, 해가 지면 어둑어둑한 밤의 장막 저쪽으로 하늘하늘 떠오르는 흰 베이스를 목표로 한 슬라이딩……. 나의 청춘은 야구 그 자체였는지도 모른다.

　그리고 팀의 레귤러 포지션을 확보하여 제일선에서 활약하기 위해 나는 누구보다도 야구의 기본에 충실했다. 다행히도 이것이 나에게 큰 도움이 되었다. 야구 뿐만 아니라, 모든 것에 공통되는 것은 기본 플레이를 중요시하는 것이다. 하나를 듣고 열을 아는 플레이보다도 하나를 듣고 하나를 알고, 둘을 들어서 둘을 아는 일이 거듭됨으로써 비로소 눈이 번쩍 뜨일 듯한 플레이가 결과적으로 나타나는 것이다. 이러한 나의 경험에서 이제부터 야구를 지망하는 여러분들에게 조금이라도 야구의 매력을 더 느끼게 하기 위해서 펜을 들었다.

이 책에서는 야구의 기초 기술로부터 고도의 팀 플레이, 감독술에 이르는 야구 기술의 모든 것을 풍부한 사진과 삽화를 섞어 해설했다. 프로의 톱 레벨의 전술까지도 포함했으므로 초심자는 물론이고, 상당한 경험이 있는 사람에게도 도움이 되리라 생각한다.

또한 팀 연습과 지휘까지도 언급했으므로 감독, 코치, 주장 및 선수 여러분에게도 참고가 될 것이다.

이 책이 독자들의 야구 기술의 향상에 조금이라도 도움이 된다면 다행으로 여기겠다.

著　者

차 례 ──●

Part 5　베이스 러닝과 도루　121~142

Part 8 부 록

Part ❶
야구의 매력

야구의 역사

  야구의 모국은 미국이지만, 그 근원은 14 세기경 영국의 국기 (國技)인 크리켓이다.

  그것이 미국으로 건너가 라운더즈라 불리는 공놀이로 되었고 그 후에 변형·개량되어 거의 오늘날과 같은 야구로 된 것은 19 세기 중엽의 일이다.

  이렇게 최초로 야구를 한 곳이 뉴요크주의 쿠퍼스타운이었기 때문에 현재 이곳에 「야구의 전당」(야구 박물관)이 세워져 있다.

  이 야구를 낳은 아버지는 애브너·더블데이며, 그후에 야구 규칙이나 팀 편성에 진력한 사람이 야구를 키운 아버지라고도 할 수 있는 알렉산더·카트라이트다.

  카트라이트는 뉴요크의 니커보커 클럽의 선수였는데, 1845 년 9 월 23 일에 체계적인 야구 룰을 발표하여 이것이 현재의 야구 규칙의 원형이 되었다. 당시에는 투수가 언더핸드로 던진다든가, 먼저 21 점 딴 쪽이 이기게 되었으나, 그후에 경기 방법이 복잡하게 됨에 따라 증보 개정되어 오늘날에 이르렀다.

야구의 용구

초보 야구의 한 장면

● **볼**

야구의 볼에는 경식과 연식이 있으며, 연식 볼은 다시 L호, A호, B호, C호로 나뉘어진다.

경식 볼은 지름 7.29~7.48 cm이며 코르크, 고무 등을 속에 넣고, 그 위를 실로 감은 후, 바깥쪽을 가죽으로 둘러 쌌다. 한편 연식 볼은 지름 6.75~7.25 cm이며, B호에만 심이 들어 있고 다른 것은 속이 비어 있다.

● **배 트**

목제, 금속제 등이 있다. 프로 야구에서는 목제 배트만을 사용할 수 있으며, 전체의 길이 42인치(1.07m) 이하, 가장 굵은 부분의 지름이 2인치 3/4(7 cm) 이하, 「원칙적으로 한 개의 목재로 만들어야 한다」고 정해져 있다.

금속배트는 아마추어들 사이에서 급속히 사용되게 되었다. 경식이든 연식이든, 공인된 것이라면 사용할 수 있다.

● **글러브와 미트**

1루수와 포수는 각각의 미트를 사용하고, 다른 야수(野手)들은 글러브를 사용한다. 전장이나 네트 부분의 크기 등은 각각 상한선이 정해져 있다.

● **그 밖의 용구**

여러 가지 볼

　각 야수가 사용하는 유니폼, 스파이크, 헬멧, 또는 포수가 사용하는 마스크, 프로텍터, 레그가드 등이 있다.
　그 밖에 기록을 기입하기 위한 스코어북과 필기 용구, 감독, 코치 등을 위한 메가폰 등도 필요하다.

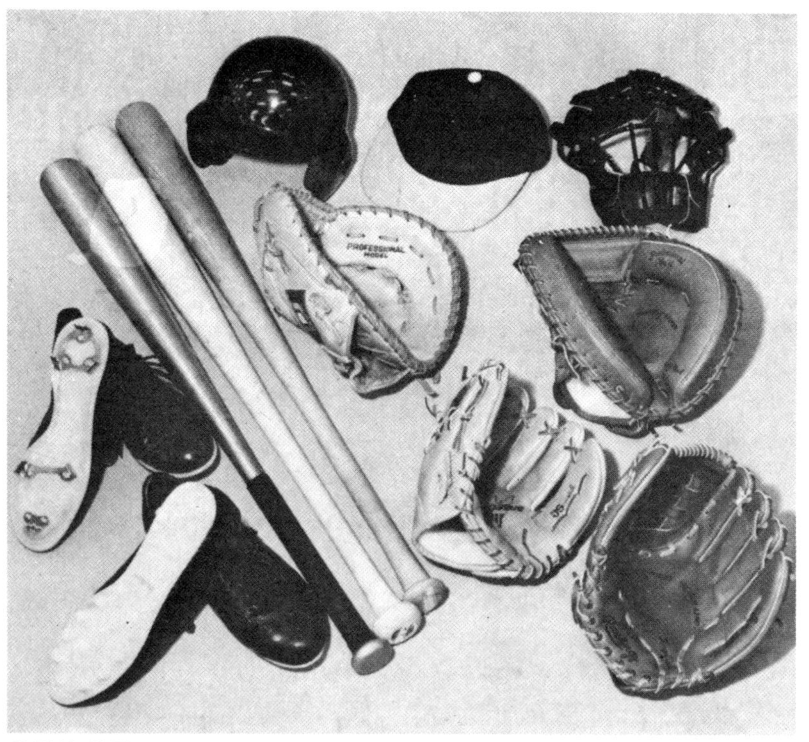

야구의 용구

Part❷
배팅과 번트

배 팅

야구는 상대방으로부터 점수를 빼내는 게임이다. 화려한 수비와 투수력도 물론 중요하지만, 점수를 따지 않으면 상대방에게 이길 수 없으므로 배팅 기술을 크게 향상시키자.

배팅의 비결

배팅의 비결은 타이밍에 달렸다고 해도 과언이 아니다. 완력에 의지해서 배트를 휘둘러도 소용이 없다. 한마디로 말해서 재빠르고 날카로운 스윙에 의한 임팩트 순간에 최대의 힘을 내는 일이 중요하다.

그리고 재빠르고 날카로운 스윙을 가능하게 하기 위해서는 원칙에 따라 배트를 쥐는 방법, 자세를 취하는 방법, 스탠스를 취하는 방법 등을 알아 두어야 한다.

배트를 쥐는 방법과 자세를 취하는 방법

●그 립

배트를 잡는 것을 그립이라 한다. 그립에 대해서는 「비 오는 날에 우산을 받고 있을 때의 그 우산 자루를 잡는 느낌」이라고 말하는 사람도 있다.

미국의 타자들은 「잡아 쥘 수 있는 대로 잡아 죄라」고 말하며, 우리 나라의 타자들은 「될 수 있는대로 편한 자세를 취하라」고 말한다. 사람들이 각각 악력(握力)의 차이가 있기는 하지만 「그립은 어깨나 팔꿈치에 힘을 주지 않을 정도로 힘을 넣는」것이 원칙이라고 이해해 주기 바란다.

●스탠스

스탠스에도 스퀘어·스탠스, 클로즈드·스탠스, 오픈·스탠스의 세 가지 종류가 있으나, 타석에 대하여 발을 평행되게 두는 스퀘어

타격자세를 취하는 방법

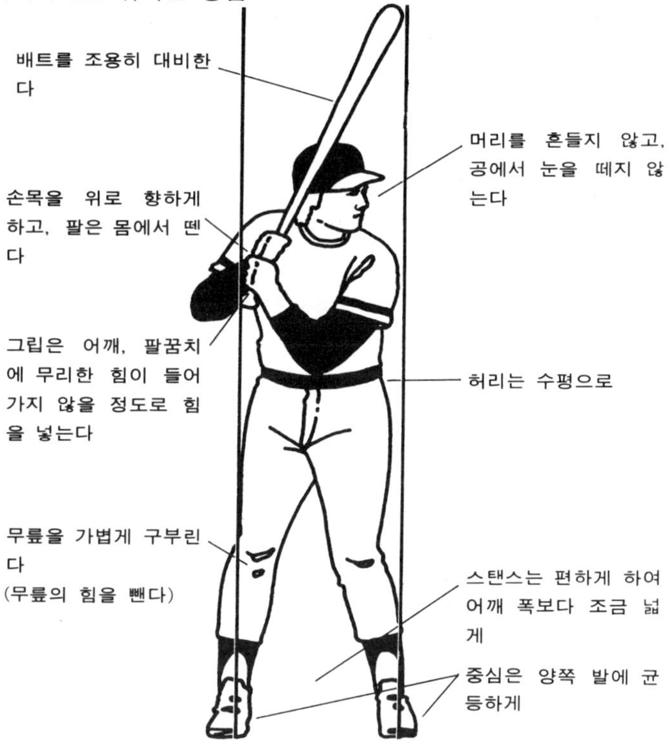

배트를 조용히 대비한다
머리를 흔들지 않고, 공에서 눈을 떼지 않는다
손목을 위로 향하게 하고, 팔은 몸에서 뗀다
그립은 어깨, 팔꿈치에 무리한 힘이 들어가지 않을 정도로 힘을 넣는다
허리는 수평으로
무릎을 가볍게 구부린다
(무릎의 힘을 뺀다)
스탠스는 편하게 하여 어깨 폭보다 조금 넓게
중심은 양쪽 발에 균등하게

스탠스의 종류

① 스퀘어 스탠스
② 클로즈드 스탠스
③ 오픈 스탠스

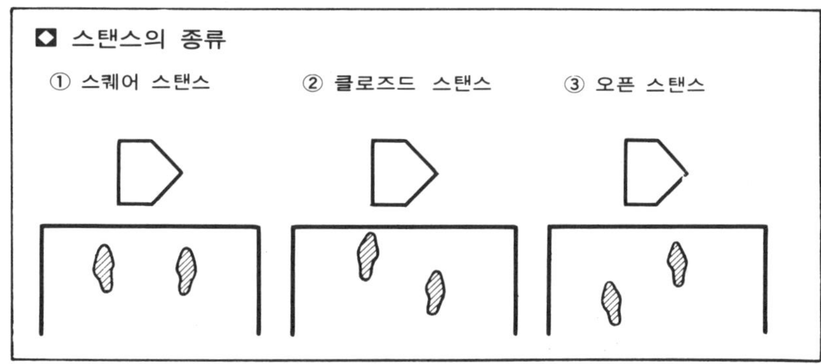

· 스탠스가 이상적이다.

어떠한 볼에 대해서도 적절하게 칠 수 있는 것이 스퀘어·스탠스의 이점이며, 이 스탠스에 익숙해진 후에 자기의 체력, 히팅 포인트, 변화구를 칠 때의 타이밍 등을 고려해서 다른 스탠스를 응용해 주기 바란다.

양쪽 발의 폭은 어깨 폭보다 조금 넓게 취하는 것이 원칙이다. 어깨 폭의 2배 가까이 스탠스를 취하는 사람, 혹은 극단적으로 좁게 하는 사람도 있으나 그러한 스탠스라면 칠 때 스텝해야 하므로 눈의 위치가 오르내리기 때문에 정확하게 볼을 포착할 수 없다.

클로즈드·스탠스는 외국인에게 많은 듯한데, 이것은 일종의 빈 볼에 대한 대책이기도 하다. 이 스탠스의 이점은 지레의 응용으로 배트의 끝머리에 스피드가 가해져 폭발력이 나타나는 것과 비교적 변화구에 따라가기 쉽다는 것이다.

또한 사람의 몸은 허리가 벌어지면 어깨도 동시에 벌어지므로 허리가 벌어진 기미가 있는 사람은 이 스탠스를 도입하면 좋을지도 모른다.

오픈 스탠스는 변화구에는 자신이 있으나 스트레이트가 질색이라고 하는 사람에게 적합하다.

스 윙

스윙에는 다운·스윙, 레벨·스윙, 어퍼·스윙의 세 가지가 있다. 전문 서적에는 이 세 종류를 상세하게 소개한 것도 있지만, 나의 결론은 다운·스윙만을 익혀도 충분하다는 것이다.

기본은 타격 자세로부터 플로 드루에 이르기까지 어디까지나 볼에서 눈을 떼지 않고, 상체의 이동을 적게 하여 자세를 취한 위치로부터 최단거리를 통해 배트가 볼에 맞도록 하는 것이다.

● **어째서 다운 스윙이 바른가 ?**

볼을 밑에서 쳐올려서는 스피드있게 멀리 날아가는 타구를 만들어낼 수 없다. 다운·스윙에서는 볼이 밑에서 위로 향하는 회전이 되므로 스피드를 지닌 채 멀리 날아갈 수 있다. 다운은 내리친다—

내리치면 땅볼이 된다고 생각하기 쉬우나, 사실은 그 반대다.

평퐁에서 생각해 보면 곧 알 수 있다. 내리치는 듯한 느낌으로 하는 편이 스피드가 풍부하게 멀리 날아가게 할 수 있다.

여기에서 주의해야 할 것은 볼의 머리를 때리는 것이 아니라 볼의 중심이나, 조금 아래쪽을 향해 스윙해야 한다는 것이다.

스윙의 경우 본인은 수평(레벨)으로 스윙하고 있다고 생각하더라도 사람의 손목의 움직임은 힘을 내고자 하면 밑에서 위로 가는 경향이 있으므로 결과적으로는 어퍼 기미로 되어버린다. 위에서 내리치는 듯한 느낌으로 스윙하기 바란다.

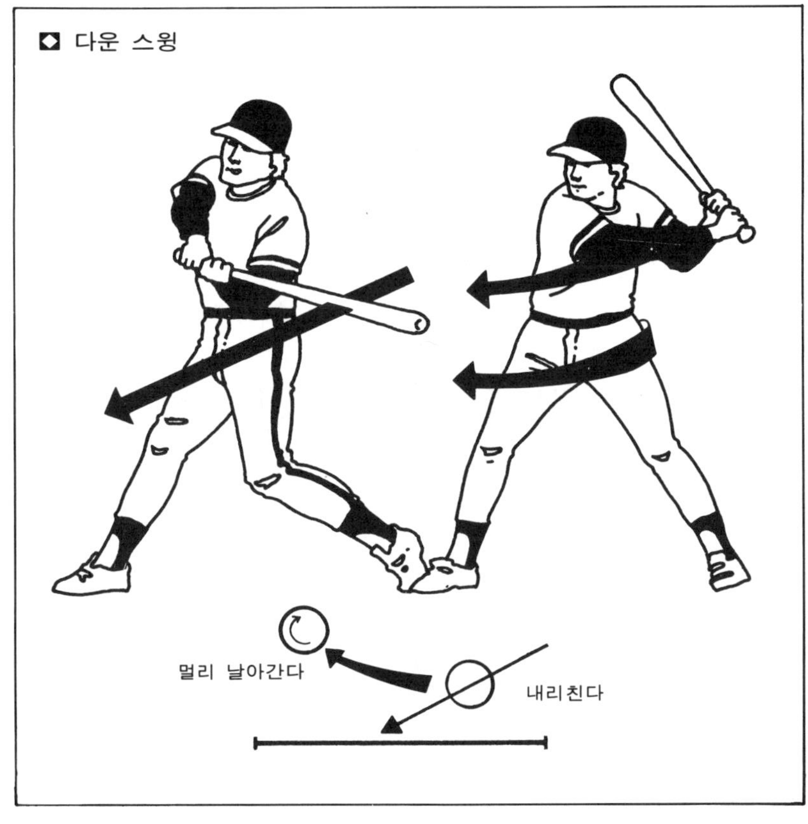

● 턱을 체크한다

스윙은 손만으로 치는 것이 아니다. 그러므로 전체, 특히 허리로부터 아래의 움직임을 잊지 말아 주기 바란다. 몸 전체의 힘이 배트에 집중되어야 강력한 스윙이 나온다.

건성으로 휘두르더라도 무거운 배트를 휘두르면 턱이 올라간다. 역학적으로 무거운 것을 앞으로 내밀려고 하면 반드시 턱이 올라간다. 턱이 올라가는 것은 하반신이 정돈되어 있지 않기 때문이므로 이것을 교정하려면 연습하는 방법 밖에 없다.

일류 선수의 타격 자세에서 얼굴 부분에 주의해 주기 바란다. 우타자의 경우 치는 순간에 왼쪽 귀가 투수와 마주 대하고 있다. 이처럼 턱을 당기고, 몸 전체로 스윙하는 것이 중요하다.

타격 자세

이하 우타자의 경우를 예로 들어 타격 자세의 요점을 차례로 해설해 보겠다.

● 백 스윙

투구 동작에 맞춰서 자연스럽게 오른발에 중심을 옮겨 가는 동작이다. 무릎을 조금 구부리고, 뒤쪽 발 쪽으로 허리를 비틀어 몸이 반대로 비틀어지게 한다.

귀를 투수에게 마주 대하게 한다

●스 텝

백스윙의 자세에서 왼발의 복사뼈가 투수 방향을 향한 상태로 내디딘다(발끝을 투수 방향으로 향해서 스텝하면 몸이 빨리 벌어져 임팩트의 순간에 힘이 들어가지 않게 된다).

이 경우 절대로 스텝하는 발에 체중을 옮기는 것이 아니라, 체중은 뒤쪽 발에 남겨두어야 한다. 다시 말해서 되도록이면 몸을 백스윙의 상태로 두고 왼발을 자연스럽게 내디딤으로써 상체가 움직이지 않고, 볼을 단단히 확인할 수 있는 "틈"을 만들 수 있다.

배팅에서는 이렇게 스텝한 순간에 투구 내용을 판단하는 "틈"을 만드는 것이 가장 중요한 일이다.

●어깨와 허리의 회전

배팅은 배트로써가 아니라, 어깨와 허리의 회전으로 하는 것이라고 생각해 주기 바란다. 처음에는 아무래도 팔로 배트를 휘두르기 쉽지만, 아무리 완력이 센 사람이라도 팔만으로는 타구를 멀리 날려 보낼 수 없다.

어깨와 허리는 투구된 볼을 충분히 끌어 당겨서 치는 순간에 전체중이 실리도록 하기 위해 한껏 힘을 모아 두고, 스윙을 시작한 후에 한꺼번에 힘을 내서 볼을 향해 날카롭게 회전시킨다.

●팔과 손목의 움직임

스윙을 시작함과 동시에 겨드랑이를 죄면서 왼팔을 맞는 지점까지 당겨 온다.

오른팔은 오른쪽 옆구리에 붙여 배트를 콘트롤하도록 한다.

손목(리스트)은 임팩트 순간까지 뻗지 않고, 힘을 모아 둔다. 치는 순간까지 힘을 넣거나, 손목을 뒤집거나 하면 힘이 분산되어서 강력한 스윙을 할 수 없다.

저스트·미트한 순간에 손목이 날카롭게 뒤집히고, 팔이 곱게 뻗어서 플로 드루로 들어가게 하는게 이상적인 팔과 손목의 움직임이다.

〔스윙 1〕——— 기본적인 타격 자세(우타자)

1 중심을 뒤로 옮기고, 앞쪽 발을 서서히 내민다(사진 ❶).
2 투수가 볼을 놓았을 때 전체중을 뒤쪽 발에 옮기고 볼을 기다린다. 이때 상반신이 가볍게 뒤쪽으로 비틀어진다(사진 ❷~❹).

3 미트. 체중의 앞쪽 발에의 이동, 허리의 회전, 손목의 뒤집음이 동시에 이루어지면서 모아 둔 힘을 배트에 집중시켜 볼을 때린다 (사진 ❺~❻).

4 친 후에도 배트를 몸과 함께 돌리면서 충분히 플로 드루 하여 자연스런 위치에서 배트를 멈춘다(사진 ❼~❿).

〔스윙 2〕—— 기본적인 타격 자세 (좌타자)

❶ 자세를 취한다. 중심은 양쪽 발에 균등히 둔다.
❷ 앞쪽 발이 투수 방향으로 내디뎌진다.
❸ 중심이 뒤쪽 발로 완전히 옮겨 간다.

➡ ❶   ❷

➡ ❺   ❻

❹ 스윙 직전
❺ 스윙
❻ 미트의 직후
❼ 플로 드루. 중심이 앞쪽 발에 있다.
❽ 플로 드루의 종료

❸ ❹

❼ ❽

〔스윙 3〕── 내각구를 치는 방법

❶ 몸의 앞에서 볼을 포착한다.
❷ 날카로운 허리의 회전으로 친다.

➡   ❶   ❷

〔스윙 4〕── 외각구를 치는 방법

❶ 볼을 당겨붙여 미는 듯한 느낌으로 라이트 방향을 노린다.
❷ 허리를 회전시키지 않고, 볼에 부딪치는 느낌으로 밀어 낸다.

➡   ❶   ❷

〔스윙 5〕── 높게 치는 방법

❶ 다운 스윙으로 내리치듯이 친다.
❷ 배트를 날카롭게 끝까지 휘두른다.

❶   ❷

〔스윙 6〕── 낮게 치는 방법

❶ 무릎을 구부려서 높이를 조절한다.
❷ 조금 어퍼가 되지만, 기분은 다운 스윙으로써 친다.

❶   ❷

◆ 코스별로 치는 방법

배팅의 숙달법과 포인트

●히트는 스트레이트하게 표적을 좁혀서

직구를 노리고 있을 때 변화구가 오더라도 당황할 필요는 없으나, 그 경우에는 놓칠 수 밖에 없다.

변화구 투수라 하더라도 5 할 정도는 반드시 직구를 던져오므로 처음에는 직구를 기다리는 기분으로 타석에 들어가는 편이 좋을 것이다.

●커브는 허리로써 친다

커브는 직구보다 한 템포 늦어져서 볼이 온다. 그 이유는 투수가 허리를 낮춰서 무릎에 여유를 갖고 그 무릎과 허리로써 타이밍을 맞추기 때문이다.

내각의 커브는 볼이 어깨죽지로부터 들어오므로(우타자의 경우. 이하 같다) 비교적 치기 쉽다. 스윙을 한 템포 늦춰서 날카롭게 허리를 회전시켜 휘두른다.

한가운데의 커브는 왼쪽 허리를 투수에게 부딪치는 듯한 느낌으로 베이스 위까지 볼을 당겨 붙여 투수 라이너를 치듯이 센터 방향으로 쳐 보낸다.

외각으로 달아나는 커브가 가장 치기 어려운 것이지만, 끌어 당기

지 말고 미는 기분으로 라이트 방향으로 가볍게 치도록 한다.

커브를 치는 비결은 허리를 뒤로 빼지 말고 직구때 보다 더욱 허리를 안으로 넣는 느낌으로 스윙하는 것이다. 커브가 골치거리라고 하는 사람을 보면 모두 볼을 두려워해서 허리가 달아나고 있다.

● 슈트는 포인트를 앞으로 하여

슈트는 스트레이트와 같은 빠르기로 몸쪽에서 옆으로 미끄러져 오므로 커브보다 치기 어렵다. 이 슈트를 치기 위해서는 내디딘 발을 조금 3루쪽으로 어긋난 느낌을 가지면서 허리의 회전을 내각직구보다도 더욱 빠르게 해야 한다.

미트·포인트는 자기 몸보다 조금 앞으로 두도록 한다. 가슴까지 파고들어가게 해서는 휘두르는 것이 늦어지기 때문이다.

슈트를 치는 비결은 재빨리 허리를 회전시키는 데에 있다. 슈트가 골치거리인 사람은 배트를 조금 가볍게 하는 것도 좋을 것이다.

● 다루기 어려운 변화구는 파울 연습으로써

변화구 치기를 아무래도 숙달할 수 없는 사람에게는 파울을 친다는 효과적인 연습 방법이 있다. 「히트를 치고 싶은데, 어째서 파울을 치라고 하는가」라고 생각하겠지만, 다시 말해서 투구를 "치는" 것이 아니라, "커트"하는 기분으로 맞히도록 한다.

그립은 보통대로 하고, 스윙은 번트를 할 작정으로 미트하는데만 유의한다. 우타자는 1루선 방향, 좌타자는 3루선 방향으로 타구를 빗맞게 한다.

이 연습의 비결은 배트와 손바닥 사이에 공간을 만드는 것이다. 칠 때 볼의 위력에 눌려 배트가 되밀리게 되지만, 그래도 좋다.

● 가볍게 치는 연습은 시계를 사용하여

투수의 위치보다 오른쪽 방향으로 칠 경우에는 배트의 끝이 손목보다 앞으로 나가지 않도록 한다.

이 비결을 익히려면 시계를 왼팔에 낀 채로 휘두르면 터득할 수 있다. 시계의 문자판이 하늘을 향하게 하는 스윙을 하는 것이다. 다시 말해서 왼쪽 손등을 반드시 하늘로 향하게 한다. 배트가 볼에 맞은 후에는 자연히 손목이 뒤집어지지만, 맞기까지는 반드시 왼쪽 손등을 하늘로 향하게 해 주기 바란다.

시계가 반대로 포수쪽을 향하게 되면 배트의 끝이 내려가버리므로 가볍게 친다는 것이 1루쪽으로 파울이 되어버린다.

●코스별로 치는 방법은 글러브를 사용하여

배트를 휘두르는 것만이 배팅 연습은 아니다. 코스별로 치는 방법의 비결을 터득하려면 배트보다도 글러브를 사용하여 연습하는 편이 효과가 있다.

다시 말해서 글러브를 배트로 간주하고 타석에 선다. 그리고 던져진 볼을 글러브로써 포구하는 것이다. 이렇게 하면 배팅 기술을 용이하게 이해할 수 있다. 내각으로 높게 볼이 왔을 때 글러브를 어떻게 움직였는가, 외각으로 낮게 왔을 때는 어떻게 했는가 등을 생각한다면 무릎의 움직임도 자연히 알 수 있게 된다.

⚾ 배트의 선택 방법과 손질 ⚾

결론적으로 말한다면 자기에게 맞는 배트를 선택해야 한다. 무거우므로 멀리 날아가고, 가볍기 때문에 날아가지 않는 것이 아니다. 배트가 지나치게 무거우면 휘두르는 것이 늦어지고, 가벼우면 손으로 치게 된다. 휘두르는 것이 늦어지지 않고, 스윙할 수 있는 배트를 선택해 주기 바란다.

그립이 굵은 배트는 짧게 잡아 단타를 노리며, 그립이 가는 배트는 장타를 노리는데 적합하다.

목제배트는 습기를 싫어하므로 배트 오일을 바르면 좋을 것이다. 다만 일단 바르면 2, 3일 동안은 탄력성이 나쁘므로 시합 전에는 피해 주기 바란다.

배팅의 연습 방법

① 건성으로 휘두르기

우수한 야구선수는 건성으로 휘두르기를 가장 중요시한다. 건성으로 휘두름으로써 바른 스윙의 폼을 굳힌다. 이 경우에도 기본은 어디까지나 다운·스윙이다.

② 티 배팅

배팅의 기본을 확인하기 위한 스윙 연습이다. 그립, 팔꿈치의 사용방법, 스탠스, 스텝 등의 요점등을 머리 속에 넣고 기본 스윙을 자기의 것으로 만들어주기 바란다. 한가운데 뿐만 아니라, 모든 코스와 변화구를 상정하여 볼을 포착한다.

한복판을 치는 기본 스윙을 10이라 하면 한가운데로 높게 치는 것은 6의 기본과 4의 응용 기술로써 치며, 내각 낮은 볼은 4의 기본과 6의 응용으로 친다는 식이다.

자세를 취한 배트의 위치를 귀로부터 왼쪽 무릎(오른쪽 배트의 경우)으로 휘둘러내리는 느낌으로(45도의 각도로써 끝까지 휘두르도록) 스윙해 주기 바란다.

③ 토스 배팅

상대가 던지는 느린 볼을 정확하게 미트하여 원 바운드로 상대방에게 쳐 보내는 연습이다. 느린 볼이므로 누구라도 칠 수 있다고 이 연습을 경시하는 사람이 있으나, 토스 배팅이야말로 배팅의 기본이다.

볼을 끝까지 보고, 반드시 배트의 가장 멀리 쳐 날릴 수 있는 부분(심)에 맞혀서 어느 코스로 오더라도 저스트·미트할 수 있도록 연습한다.

익숙해지면 강한 타구, 약한 타구, 꺾여진 타구, 오른쪽으로 치기, 왼쪽으로 치기 따위의 테마를 결정하여 연습하면 효과가 있다.

빠른 공에 대해서는 생각해서 칠 여유가 없다. 프로선수라도 슬럼프에 빠지면 반드시 토스 배팅을 되풀이한다. 「빠른 공은 잘 보고 치며, 느린 공은 더욱 잘 보고 쳐라」고 하는 이론은 토스 배팅에 의해 포착할 수 있다.

④ 프리 배팅

전야수가 바른 위치에서 미리 한 사람당 몇 개, 혹은 시간을 결정해 두고, 게임 형식으로 연습하는 것이다. 처음에는 볼의 스피드에 따라가기 위해서 편하게 휘두르고, 서서히 실전적인 배팅을 하도록 한다.

1 구마다에 「히트 앤드 런」「1 사(死) 3 루」「무사 2 루」라는 케이스를 머리 속에 넣어서 스윙하도록 한다. 이 연습은 살아 있는 볼을 다루므로 야수의 필딩 연습에도 도움이 된다.

⑤ 레귤러 배팅

배팅 연습의 전체적인 마무리다. 야수는 물론이고, 심판도 참석해서 타순대로 친다. 카운트도 세고, 실전 형식으로 한다.

티 배팅

토스 배팅

⚾ 번 트 ⚾

고교야구에서는 번트를 잘하고, 못하는 것이 승패를 좌우한다고 까지 말하고 있다. 번트만큼 쉽고, 번트만큼 어려운 것이 없다고 해도 과언이 아니다.

근대야구에서는 번트를 확실하게 해낼 수 있게 되면 팀의 승리가 90％는 결정된다고 해도 좋을 정도로 중요한 의미를 가지고 있다.

번트의 종류

● 희생 번트

무사 주자 1루 등에 많이 사용되는 보내기 번트로서 스트라이크 · 번트라고도 말하고 있다. 본인은 아웃되더라도 주자를 확실하게 진루시키는 번트다.

● 세이프티 번트

타자 자신도 1루에 진루하려는 번트다. 세이프티 번트에는 드랙 · 번트, 드롭 · 번트, 푸시 · 번트라 불리는 세 가지 종류가 있다.

「드랙」은 「끌다, 걸치다」라고 하는 뜻으로 좌타자가 1루 선상으로 걸치는 듯한 느낌으로 굴러 가게 하는 번트를 드랙 · 번트라고 한다.

드롭 · 번트는 반대로 우타자가 3루 방향으로 걸치는 듯한 번트다.

푸시 · 번트는 우타자가 1루 방향으로, 좌타자가 3루 방향으로 밀어붙이는 느낌으로 굴러가게 하는 것이다.

● 버스터 번트

「버스터」에는 「가볍게 뺨을 때린다」고 하는 의미가 있다. 다시 말해서 번트의 자세를 취한 후 볼을 배트에 가볍게 맞춰 전진 수비를 펴는 야수 사이를 빠져 나가는 히트를 노리는 방법이다. 강타하는 것이 아니라, 야수의 사이를 빠져 나가도록 굴리는 것이 비결이다.

●에바스

번트 자세를 취하다가 치는 순간에 배트를 끌어 당기는 일종의 속임수다. 이것으로 상대방의 수비 태세를 탐색하는데, 타자 자신의 판단보다 감독이나 코치가 타자에게 명령하는 경우가 많은 듯하다.

이것에 의해 2루수, 유격수 가운데 누가 베이스 커버에 들어오는가 하는 것을 사전에 알게 되면 주자는 그만큼 달려가기 쉽게 된다(팀플레이의 항 145 페이지 참조).

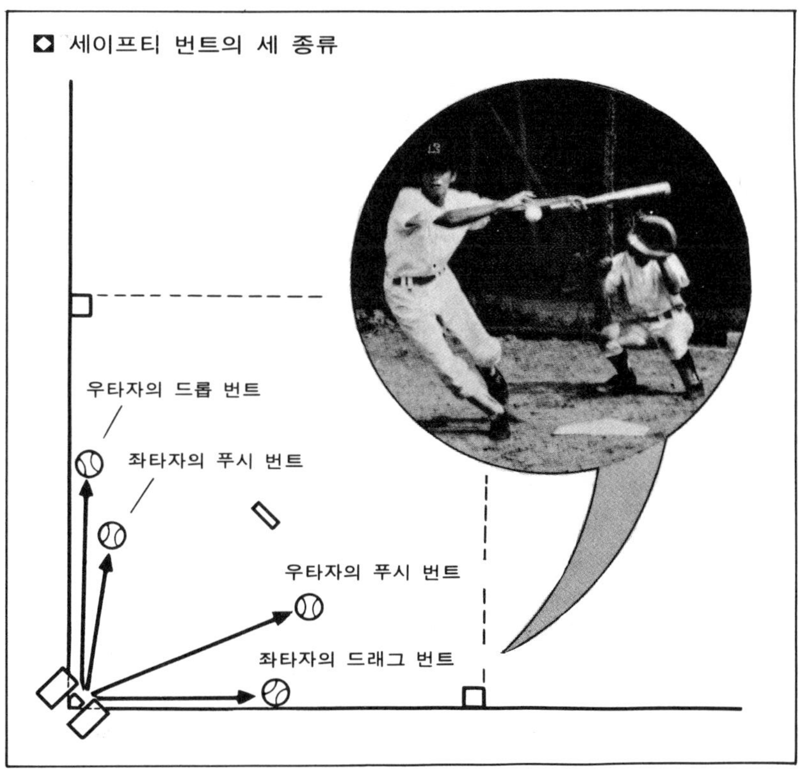

번트의 방법

●배트를 잡는 방법, 자세를 취하는 방법

타격 자세인 채로 왼손의 그립은 움직이지 않고, 오'른손만을 미끄러지듯이 배트의 끝쪽으로 가지고 간다(우타자의 경우). 그 위치는 배트에 그려져 있는 두 개의 마크(위의 낙인 찍힌 표시는 배트의 형, 아래의 낙인 찍힌 표시는 배트를 만든 회사의 마크)의 중간쯤을 오른손으로 잡는 것이 바른 자세다.

오른손으로는 강하게 잡는다. 느슨하게 잡고 있으면 볼에 밀려버리고 그렇게 되면 밀린만큼 볼을 떨어뜨릴 목표 지점으로부터 빗나가게 된다.

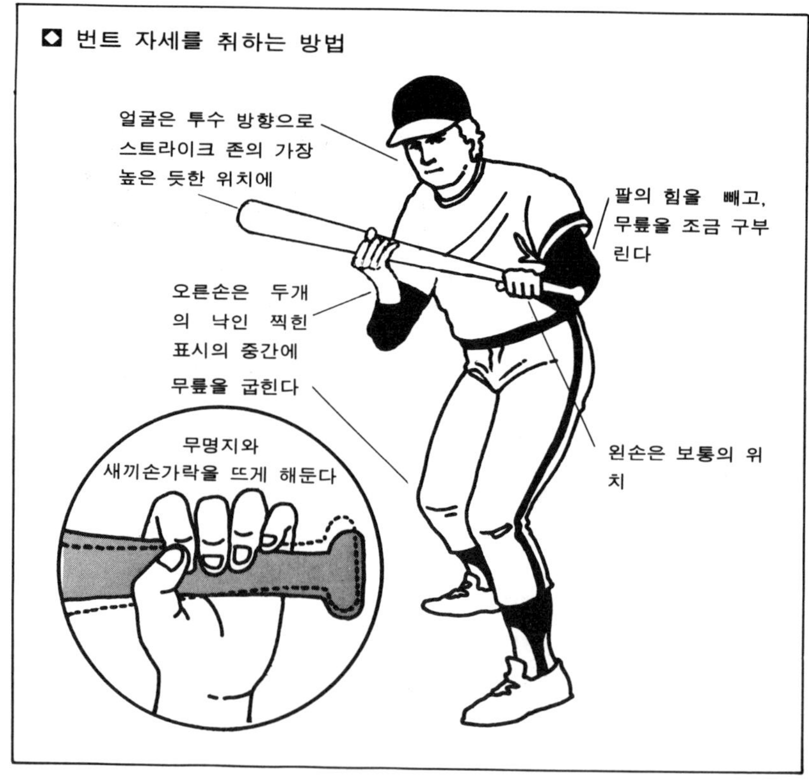

벽을 마주 대하여 볼을 던지면 볼은 반드시 자기에게로 되돌아온다. 번트를 할 경우에도 이 벽의 역할을 배트에게 시키는 듯한 기분으로 자세를 취해야 한다.

●배트의 어디에 볼을 맞히는가?

번트에서는 타구의 위력을 죽이는 것이 원칙이다. 그러기 위해서는 배트의 낙인 찍힌 표시로부터 배트 끝쪽으로 6, 7 cm 정도 안쪽에 볼을 맞혀야 한다.

볼의 위력을 죽일 수 없을 경우에는 왼손(우타자의 경우)의 엄지손가락과 집게손가락, 가운뎃손가락 세 개만은 힘을 넣어서 쥐고, 무명지와 새끼손가락은 띄우는 기분으로 해 둔다. 그렇게 하면 손가락과 배트 사이에 공간이 생기게 되어 그만큼 타구를 죽일 수 있다.

번트의 경우에는 배트를 가볍게 끌어 당기는 듯한 느낌으로——라고들 말하고 있으나 그렇게 하더라도 실제로는 플라이로 되어버리는 수가 많다. 번트에서는 어디까지나 맞힌다는 기분을 갖는 것이 중요하다.

●배트의 위치와 자세

배트의 위치는 스트라이크 존의 가장 높은 곳에 둔다. 그보다도 볼이 높게 오면 스트라이크 존에서 빗나가 있으므로 그대로 배트를 끌어 당긴다. 또한 스트라이크 존보다 낮게 볼이 온 경우에는 배트로 조정하지 말고, 무릎을 굽혀서 배트를 볼의 높이에 맞춘다.

번트 자세가 바른지의 여부는 손의 위치와 무릎의 상태로 알 수 있다. 우타자의 경우 항상 오른손이 왼손보다 높은 위치에 있을 것, 무릎을 유연하게 하여 중심을 낮게 하는 것이 중요하다.

스탠스에서는 투수와 마주 대할 것. 다시 말해서 좌우의 발을 투수에게 향하게 하는 것이 기본이다. 이렇게 함으로써 볼을 정면에서 확고하게 포착할 수 있고 정확한 번트를 할 수 있다.

이 기본을 숙달했으면 다음에 스탠스를 히팅 때의 상태로 하여 상체만을 비틀어 투수와 마주 대하게 해서 번트하는 연습을 해주기 바란다.

또한 발의 위치는 타석의 되도록이면 앞쪽(투수 방향)에 둔다. 이렇게 하면 가령 타구가 바로 아래로 떨어지더라도 페어·그라운드 안으로 굴러간다.

●번트의 각도

투수와 마주 대하여 자세를 취하고, 오른쪽 어깨를 내밀어서 번트하면 타구가 3루쪽으로 굴러 가고 왼쪽 어깨를 내밀면 1루쪽으로 굴러간다.

어깨와 배트가 평행되면 가슴도 투수와 마주 대하여 있으므로 양쪽 팔꿈치를 몸에 붙이고, 맞히기만 하면 이처럼 어깨의 조절로써 자유자재로 굴러가게 할 수 있다.

우타자의 경우 외각구는 1루쪽으로, 내각구는 3루쪽으로 굴러 간다. 내각구를 무리하게 1루쪽으로 굴러가게 하면 배트의 끝머리가 내려가버려 플라이나 파울로 된다.

번트의 전법

●번트 때의 주의 사항

번트를 하려면 먼저 그라운드 컨디션과 상대방의 수비 능력을 머리에 넣어 둘 필요가 있다. 그라운드가 딱딱한가, 부드러운가, 또는 상대방 투수의 수비 능력, 1루수나 3루수의 수비 위치와 수비 능력을 관찰해 둔다.

번트의 성공률이 높은 경우는 상대방의 내야수가 에러를 한 직후 동요하고 있거나, 전혀 경계하지 않고 방심하고 있을 때 등이다. 그러한 뜻에서도 상대방 수비의 상태를 항상 관찰해 두는 일이 중요하다.

●꼭 주자를 진루시키고 싶을 때는 희생 번트

희생 번트에서는 확실하게 신중히 보내야 한다. 그러기 위해서는 번트의 기본인 「타구를 죽인다」고 하는 것이 요구된다.

타구 스피드가 느릴수록 야수의 포구로부터 송구의 동작까지가 지연되어 주자가 진루할 수 있는 확률이 높아진다.

●주자를 보내는가, 강공하는가 하는 것을 쉽게 판단할 수 없을 경우에는 에바스로써 상대방을 탐색한다

번트의 자세에서 볼을 바라보고, 상대방의 수비 형태를 탐색한다. 상대방이 번트 시프트 하나만으로 밀고 나올 경우에는 버스터 번트로 야수 사이를 빠져 나가도록 노리면 좋을 것이다.

예를 들면 대시해 온 1루수의 옆, 다시 말해서 2루수의 수비 방향을 노린다. 2루수는 1루를 커버하기 위해서 달려 갔으므로 그 자리가 비어 있다.

● **세이프티 번트는 기습 전법**

주력에 자신이 있으면 상대방의 의표를 찌르는 세이프티 번트가 효과를 발휘하는 경우가 있다. 또한 2사 주자 3루 등 생각지 않던 케이스에서의 세이프티 번트도 재미 있을 것이다.

● **번트 앤드 런의 세 가지 응용**

주자의 도루와 타자의 번트를 합친 전법이다. 이 전법은 다음의 세 가지 경우에 사용하면 효과적이다.

① 1루주자의 발이 느려서 희생 번트가 성공할 수 없을 경우
② 상대방 투수가 호조여서 점수를 딸 수 없을 경우의 무사 1루
③ 스퀴즈

이 가운데 ②에서는 투수가 던짐과 동시에 1루주자가 2루로 달려가고, 타자는 3루 방향으로 번트한다. 3루수가 1루로 송구하는 동안 주자가 일거에 3루까지 나아간다──는 공격을 할 수 있다.

또한 ③의 스퀴즈도 번트 앤드 런의 일종이다. 여기에 관해서는 뒤의 별항에서 설명하겠다(48페이지 참조).

● **무사 1·2루의 경우에는 배트의 중심에 댄다**

번트의 타구는 공의 세력을 죽이는 것이 원칙이지만, 무사 1·2루의 경우는 예외다. 이 경우에는 투수가 던짐과 동시에 3루 방향으로 비스듬하게 전진해 온다. 거기에서 그 투수의 옆을 빠져 나가 3루수에게 볼이 잡히도록 번트하는 것이다.

3루수는 대시하여 그 타구를 처리해야 하므로 3루에는 아무도 없게 되어 보내기 번트가 성공한다. 그러기 위해서는 배트의 중심에 맞는 강한 타구가 아니면 투수에게 잡혀버린다.

배트의 중심이란 우타자의 경우 번트의 자세를 취했을 때의 오른손의 위치다. 중심에 맞히기 위해서 그 오른손을 5, 6 cm 내려서 번트 한다.

스퀴즈 번트

스퀴즈 번트는 희생 번트나, 번트 앤드 런의 일종이다. 무사, 혹은 1 사에서 주자가 3 루에 있을 경우 꼭 1 점을 따고 싶을 때에 한다.

●스퀴즈의 타이밍

스퀴즈 플레이에서는 타자와 주자 사이에 사인이 철저히 맞아야 된다.

상대방 투수가 투구 동작에 들어가서 이미 모션을 변경할 수 없는 빠듯한 순간에 비로소 번트 자세를 취한다. 그보다도 빨리 동작을 일으키면 상대방에게 간파되어 피치·아웃되어 버린다.

타자는 하여간 내야 어디라도 느린 땅볼을 굴리도록 해야 한다.

●스퀴즈의 종류

투구 동작과 동시에 3 루주자가 스타트하는 일반적인 스퀴즈를 러닝 스퀴즈, 혹은 수어사이드(자살) 스퀴즈라 부른다. 또한 타구가 굴러가는 것을 본 후에 주자가 스타트하는 스퀴즈를 세이프티 스퀴즈라 부르고 있다.

그 밖에 1 사 주자 2·3 루에서 러닝 스퀴즈를 하여 (1루쪽으로 굴린다) 3 루주자만이라든가, 일거에 2 루 주자도 생환시키는 투런 스퀴즈라는 공격이 있다.

이 경우 미리 사인에 의해 2 루 주자는 투수가 와인드업에 들어간 찰나에 전력을 다해 스타트하여 번트되었을 때는 이미 3 루를 돌아 본루로 향해 있어야 한다.

〔번트의 기본 자세〕

❶ 자세를 취하여 투수와 마주 바라본다.
❷ 체중을 조금 앞으로 옮겨서 볼을 기다린다.
❸ 볼을 아래로 떨어뜨리는 느낌으로 확실하게 배트에 맞힌다.
❹ 1루로 달려 나간다.

❶　　　　❷

❸　　　　❹

〔희생 번트〕

❶ 자세를 취하여 투수와 마주 바라본다.
❷ 확실하게 볼을 포착해서 굴린다.

❶　　　　　　　❷

〔드래그 번트〕

❶ 자세. 보통의 배팅과 같다.
❷ 1루 방향으로 걸치듯이 굴린다.

❶　　　　　　　❷

〔드롭 번트〕

❶ 중심을 앞으로 옮기면서 볼을 포착한다.

❷ 3루 방향으로 걸치듯이 굴린다.

➡ ❶   ❷

〔푸시 번트〕

❶ 몸을 볼쪽으로 가지고 가는 기분으로 볼을 기다린다.

❷ 1루 방향으로 밀어 붙이는 느낌으로 굴린다.

➡ ❶   ❷

〔버스터 번트〕

❶ 번트 자세로 기다린다.
❷ 배트를 당겨 가볍게 맞히도록 친다.

❶ ❷

〔에바스〕

❶ 번트 자세로 기다린다.
❷ 치는 순간에 배트를 당긴다.

❶ ❷

〔스퀴즈 번트〕

❶ 볼의 코스를 확인해 둔다.
❷ 뛰어서라도 볼을 포착한다.
❸ 반드시 볼이 굴러가도록 배트에 댄다.
❹ 자기가 1루로 달려갈 것은 생각하지 않아도 좋다.

❶　　　　　　　　❷

❸　　　　　　　　❹

번트의 연습 방법

① 페퍼(토스 배팅)

배팅 연습과 같은 요령으로 가장 기본이 되는 희생번트 연습을 한다. 번트의 요령에 관해서는 이미 언급했지만, 항상 중요할 때에 사용되므로 반드시 성공시키도록 충분히 연습을 쌓아 두어야 한다.

② 응용 연습

1사 주자 1루라든가, 무사 주자 3루 따위로 미리 전황을 상정하여 번트 연습을 한다. 이 경우에 투수도 정규의 거리에서 던지고, 야수나 주자도 실전과 마찬가지로 움직인다. 코치에게 설정된 상황을 모든 야수에게 전달해 달라고 하여 속구, 변화구, 내각, 외각 등으로 변화를 부여하여 투구된 볼을 번트하고, 야수는 일제히 움직인다. 번트 연습과 함께 수비의 팀 플레이 연습도 된다.

번트 연습

Part❸
피 칭

⚾ 피칭의 기본 ⚾

투수의 던지는 방법은 오버드로우(위쪽에서 던지기), 스리쿼터드로우(3/4투법), 사이드드로우(옆쪽에서 던지기), 언더드로우(아래쪽에서 던지기)의 네 종류로 대별된다.

이 가운데서 가장 이치에 맞게 던지는 방법은 오버드로우나, 스리쿼터드로우다. 이들의 투법이 육체적으로 가장 무난한 방법이며, 몸의 어디에도 무리함이 없이 볼에 전신의 힘을 넣어 던질수 있는 방법이기 때문이다.

투구 동작의 체크 포인트

●손목의 역할

몸 전체로 던짐은 물론이지만, 볼을 놓는 순간에 손목의 강함을 필요로 한다. 손목의 앞뒤 휘두름이 크고 날카로우면 스냅이 효과를 발휘하여 회전이 많고, 홉(hop)하는 볼을 던질 수 있다.

●볼을 쥐는 방법 (스트레이트의 경우)

직구는 볼에 회전을 부여함으로써 비행거리가 늘어난다. 모든 볼에는 반드시 꿰맨 자리가 있으며, 이 꿰맨 자리를 효과적으로 사용하여 볼에 회전을 부여해야 한다. 꿰맨 자리에 집게손가락과 가운뎃손가락을 걸쳐서 잡는다.

직구가 배터리 사이를 날아가는 동안 볼의 회전수는 아마추어 20~25회전, 프로에서 30회전 정도다. 이 사실로도 알 수 있듯이 볼의 회전을 많이 하면 많이 할수록 스피드와 위력이 늘어난다.

그러기 위해서는 볼을 바르게 잡는 방법이 중요하다. 집게손가락과 가운뎃손가락을 꿰맨 자리에 대하여 직각으로 걸치기 바란다. 그리고 바로 위에서 보았을 때 그 두 개의 손가락이 붙지도 않고, 떨어지지도 않은 듯한 느낌으로 해 두는 것이 중요하다.

또한 바르게 볼을 잡았더라도 지나치게 강하게 쥐면 볼은 멀리

◐ 투구 동작과 볼을 잡는 방법

가지 않는다. 가운뎃손가락, 집게손가락, 엄지손가락 세 개로 볼의
무게를 느낄 정도의 힘으로 잡아야 한다. 손가락 끝에 힘이 지나치
게 들어가 있다고 생각하는 사람은 볼을 집어 올리는 듯한 느낌으
로 새끼손가락에 힘을 넣도록 하는 것이 비결이다.

● 허리 비틀기

보다 더 빠른 직구를 던지기 위해서는 상체 뿐만 아니라, 하반신
특히 허리를 효과적으로 사용해야 한다. 상체를 비틀어서 볼을 쥔
오른손을 되도록이면 뒤쪽으로 당기고, 투구 때는 하반신을 강하게
비틀어 허리로부터 앞으로 타자 방향으로 되돌리도록 한다.

● 스 텝

투구 폼은 큰 것이 좋지만 체력, 하반신의 힘을 분산시켜서는 안
되고, 커다란 폼으로 던지더라도 밸런스가 붕괴되거나, 체중의 이
동이 스무드하지 않으면 소용없다.

커다란 폼과 스무드한 체중 이동의 일치가 이상적이다. 스텝했을
때는 왼쪽 어깨가 타자와 마주 대하도록 한다. 그렇게 하면 밸런스
도 붕괴되지 않고, 머리도 흔들리지 않으므로 목표를 똑똑히 볼 수
있다.

● 스텝 후의 발의 착지

발을 스텝한 후에 발끝부터 붙이는 사람이 있는가 하면 발뒤꿈치

부터 붙이는 사람도 있다. 일류투수의 스파이크는 우완투수의 경우 왼발의 엄지발가락 부근이 최초로 파손된다고 한다.

자신에게 가장 착지하기 쉬운 방법으로 하면 되지만, 아무래도 힘의 배분이 잘 되지 않는다든가, 스피드가 나오지 않는다고 생각한다면 내디딘 발의 엄지발가락 부근에 힘을 넣어 착지하면 좋을 것이다.

● **플레이트를 밟는 방법**

플레이트를 밟는 방법에는 아래의 그림과 같이 세 가지의 종류가 있다. 투구 동작에 들어갈 때는 ① 또는 ② 의 방법이 좋지만, 볼을 놓은 순간에는 반드시 축으로 한 발이 ③ 의 상태로 되는 것이 중요하다.

다시 말해서 처음의 자세에서 ① 과 같이 밟고 있으면 볼을 놓을 때까지 축으로 한 발은 ① → ② → ③ 으로 움직이고, 처음의 자세가 ② 라면 축으로 한 발은 ② → ③ 으로 움직이게 된다.

플레이트를 이용하는 비결은 플레이트를 단거리 경주의 스타트하는 발판이라고 생각하는 것이다. 축으로 한 발로써 플레이트를 걸어차고, 그 폭발력을 볼에 부여하는 셈이다.

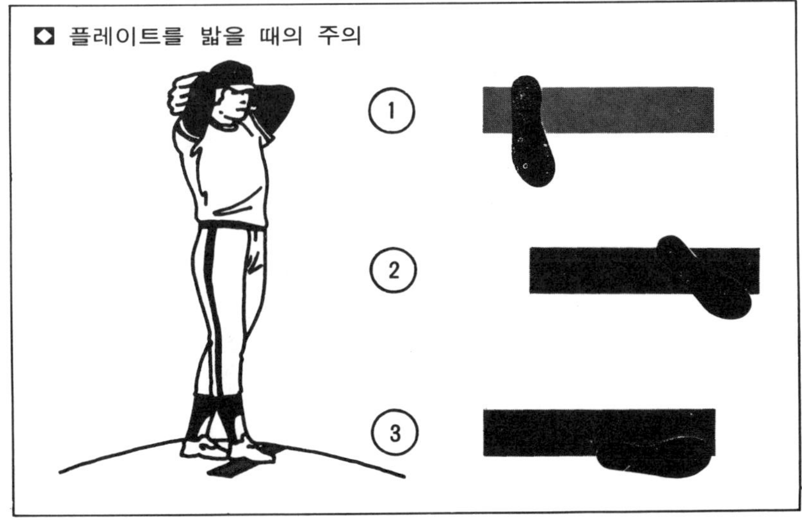

〔오버드로우〕——— 우완투수

1 와인드업이다. 축으로 한 발을 플레이트에 두고, 포수의 사인을 확인하여 양손을 머리 위로 가지고 간다. 눈은 목표를 확고하게 포착한다(사진 ❶).

2 축으로 한 발(우완투수라면 오른발)에 체중을 싣고, 머리 위의 양손을 머리의 뒤쪽으로 당긴다. 올린 다리의 무릎 똑바로 위에 머리가 오도록 하면 몸이 흔들리지 않는다(사진 ❷~❸).

3 체중을 완전히 축으로 한 발에 이동한다. 축으로 한 다리를 무

릎을 구부리면서 위쪽으로 올라가게 한다(사진 ❹∼❻).

④ 던지는 방향으로 허리의 이동이 시작되어 왼발이 크게 스텝한다. 이때 볼을 쥔 손을 크게 뒤로 당긴다(사진 ❼∼❾).

⑤ 허리의 회전에 의해 상체가 앞쪽으로 날카롭게 구부러지고, 오른발이 플레이트를 강하게 찬다. 볼을 쥔 팔이 회초리처럼 휘어져서 휘둘러 내려진다(사진 ❿).

⑥ 체중이 오른발로부터 왼발로 완전히 옮겨 가고, 볼이 손에서 떠나간다(사진 ⑪).

⑦ 플로 드루로부터 수비 자세로 옮겨 간다(사진 ⑫).

〔오버드로우〕── 좌완투수

❶～❷ 와인드업

❸ 팔을 당기기 시작한다.

❹ 중심을 서서히 왼발에 옮겨 간다.

❺～❼ 오른발을 서서히 당겨 올리고, 왼손을 뒤쪽으로　가지고　간

❻　　　　　　　❺　　　　　　　❹

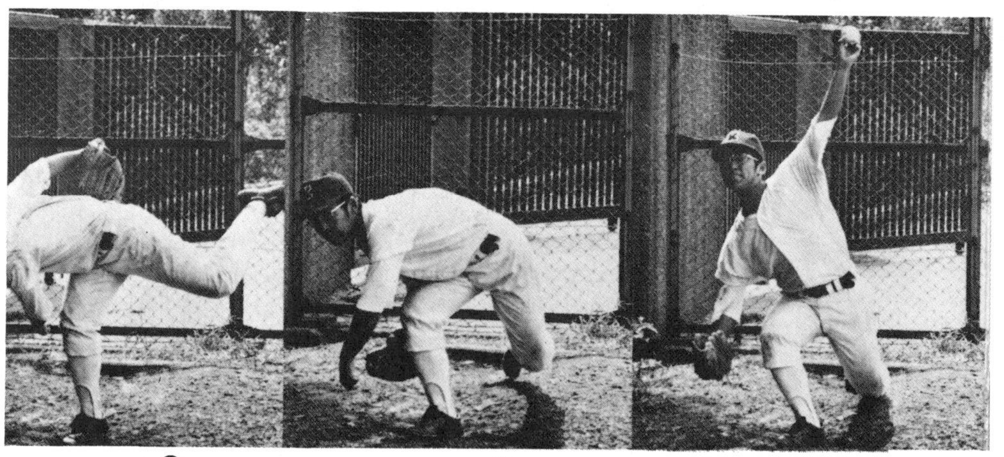

⑫　　　　　　　⑪　　　　　　　⑩

다.

⑧ 팔이 뒤쪽으로 한껏 당겨진다.

⑨ 팔의 휘둘러내림과 포수 방향으로 허리의 이동이 시작된다.

⑩ 볼을 쥔 손이 휘둘러 내려진다.

⑪~⑫ 플로 드루

〔사이드드로우〕── 우완투수

❶ 와인드업
❷ 체중의 축으로 한 발에의 이동과 왼발의 당겨 올림

❶ ❷ ❸

〔사이드드로우〕── 좌완투수

❶ 와인드업
❷ 체중의 축으로 한 발에의 이동과 오른발의 당겨 올림

❻ ❺ ❹

❸ 오른팔의 뒤쪽에로의 이동
❹ 왼발을 내디디기 시작
❺ 오른팔을 휘둘러내리기
❻ 릴리스

❹   ❺   ❻

❸ 왼팔의 뒤쪽에로의 이동
❹ 오른발을 내디디기 시작
❺ 왼팔의 휘둘러내리기
❻ 릴리스

❸   ❷   ❶ ←

〔언더드로우〕—— 우완투수

❶ 와인드업
❷ 체중의 축으로 한 발에의 이동과 왼발의 당겨 올림

➡ ❶　　　　　　　❷　　　　　　　❸

〔언더드로우〕—— 좌완투수

❶ 와인드업
❷ 체중의 축으로 한 발에의 이동과 오른발의 당겨 올림

❻　　　　　　　❺　　　　　　　❹

❸ 오른팔의 뒤쪽에로의 당김과 왼발의 내디딤
❹ 오른팔의 휘둘러내림
❺ 릴리스
❻ 플로 드루

❹　　　　　　❺　　　　　　❻

❸ 왼팔을 뒤쪽으로 당기고, 오른발을 내디딘다.
❹ 왼팔을 휘둘러내린다.
❺ 릴리스
❻ 플로 드루

❸　　　　　　❷　　　　　　❶　←

스피드를 부여한다

피칭의 첫째는 뭐라고 해도 스피드있는 직구를 던지는 것이다. 백 개의 변화구보다도 단 1개라도 스피드 있는 직구가 낫다.

특히 젊을 때부터 변화구만을 던지면 팔꿈치나 어깨를 파괴하는 원인이 된다.

여기에서 통나무와 대나무 막대기 끝에 볼을 얹어서 용수철처럼 휘게 하여 볼을 날려 보내는 것을 생각해 보기 바란다. 대나무가 잘 휘어져서 그만큼 볼이 빠르고, 멀리 날아간다는 것이 용이하게 이해될 것이다.

다시 말해서 아무리 완력이 있더라도 빠른 볼을 던질 수는 없다. 몸 전체를 회초리처럼 휘어지게 하여 전 체중을 모은 힘을 볼에 실음으로써 스피드 있는 볼이 생겨난다.

콘트롤을 부여한다

아무리 빠른 볼이나 날카로운 변화구라 하더라도 노린 곳으로 던져지지 않으면 의미가 없다. 콘트롤을 익힌다는 것은 단순하게 스트라이크를 던진다는 것이 아니라, 노린곳으로 생각대로 볼을 던질 수 있다는 것이다.

● 콘트롤을 부여하기 위해서

콘트롤은 몸의 리듬과 밸런스로 결정된다. 몸의 리듬을 잡고, 밸런스를 유지하여 체중을 이동시키기 위해서는 토대인 하반신을 강하게 해야 한다. 그러기 위해서 투수는 다른 야수의 배 이상 달리는 것이 중요하다.

투구 때는 목표, 다시 말해서 포수의 미트에 대하여 기분을 집중시키도록 유의한다. 자기가 생각한 곳으로 던져진 그때의 감각을 잊어버리지 않도록 해주기 바란다.

기술적으로는 투구 목표로부터 시종 눈을 떼지 않을 것, 스텝의 폭을 일정하게 하여 스텝한 발이 축으로 한 발과 목표점을 연결한 일직선상에 둘 것, 볼을 놓는 포인트를 일정하게 할 것 등이 중요하다.

또한 어깨, 팔, 발 등에 여분의 힘을 넣지 말고, 전력 투구의 70
~80%의 힘으로써 여유를 가지고 던지도록 한다.

● **콘트롤이 흐트러진 경우**

내각, 외각으로 던지는 방법이라는 기술 해설서는 없다. 이것은
던짐으로써 본인만이 아는 미묘한 감각이다.

다만 다음과 같은 점검 사항이 있다.

① 내각에 던질 경우에는 몸의 축(중심)을 내각으로 마주 대하게
   하고, 외각에 던질 경우에는 이와 반대로 한다.

② 볼이 높이 뜰 때는 볼을 놓는 것이 지나치게 빠른 것이다. 얼굴
   앞에서 볼을 놓도록 한다(자기의 눈으로 볼을 놓는 것을 확인하
   려고 하는 정도가 꼭 알맞다). 또한 이 경우에는 내디디는 스텝
   도 지나치게 넓어져 있게 마련이다.

다시 말해서 몸의 축과 볼을 놓는 위치와 스텝의 폭에 주의하여
콘트롤이 흐트러지는 것을 수정한다.

세트 포지션에서의 던지는 방법

퍼펙트 게임 외에는 반드시 주자가 나오므로 세트 포지션의 연습
도 중요하다. 세트 포지션에서 던지는 공의 위력이 반감되는 사람
이 많을 것이다. 와인드업과 같은 위력이 있는 볼을 던지려면 이
비결을 포착할 필요가 있다.

커다란 보디 스윙을 하지 않고 던지는 것이므로 구위(球威)를 떨
어뜨리지 않기 위해서는 신속한 체중 이동을 할 수 밖에 없다.

먼저 체중을 양쪽 발에 균등하게 싣는다. 그리고 투구 동작에 들
어가면 재빨리 전체중을 스텝한 발에 실어버린다. 여기에서 주의할
것은 머리만은 앞쪽으로 내밀지 말고, 남겨 두는 일이다. 머리를 이
동시키면 스피드가 나오지 않는다.

스텝하는 발은 높이 올리지 말고, 지면에 미끄러지게 하는 듯한
느낌으로 낮게 내디딘다. 체중을 앞으로 이동하더라도 머리를 남겨
두었기 때문에 작은 모션 속에서도 "힘의 저장"이 된다. 바꾸어 말

하면 그 힘의 저장에 의해 신속한 체중 이동과 볼의 스피드가 생겨난다.

견제하는 방법

좋은 투수의 조건에는 스피드, 콘트롤 외에 어떻게 주자를 잘 견제하는가를 들 수 있다. 훌륭한 견제는 바른 투구 자세와 밀접한 관련을 가지고 있으므로 보크에 관한 룰을 먼저 이해해 두어야 한다.

●견제의 주의 사항(보크의 해당 사항)

주자가 누(壘)에 있을 때 부정한 투구를 하면 보크가 된다. 세트 포지션에서의 견제에서는 특히 보크에 주의하지 않으면 안된다. 보크에 해당되는 행위는 다음과 같다.

① 내디디는 발이 홈 플레이트로 향해 있는 상태에서 견제구를 던

◘ 보크의 여러 가지

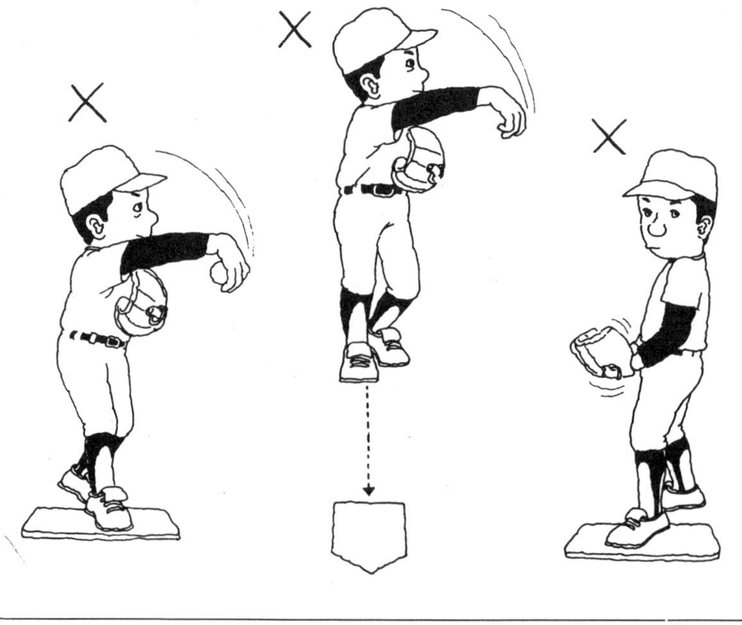

지면 보크가 된다.

② 세트 포지션 때의 볼은 글러브에 넣어서 "정지"의 상태로 하지 않으면 안된다(목을 움직이는 것은 자유다).

③ 축으로 한 발을 투수판에서 떼면 어떤 모습으로 견제하더라도 좋으나, 플레이트를 밟은 채 견제구를 던지는 흉내만 내면 보크가 된다.

④ 도중에서 세트 포지션을 중지할 때는 축으로 한 발을 플레이트의 뒤쪽(2루 베이스쪽)으로 떨어지게 해야 한다. 이 경우의 순서는 ㈎ 축으로 한 발을 뗀다, ㈏ 볼과 글러브를 뗀다, ㈐ 양손을 똑바로 내리도록 할 것.

특히 ㈎와 ㈏가 역순으로 되면 보크가 된다.

⑤ 타자에의 투구 동작을 도중에서 멈추거나 변경해서는 안된다.

⑥ 세트 포지션에서 축으로 하지 않은 발을 올려서 그 발끝이 축으로 한 발과 크로스되어버리면 견제구는 던질 수 없다.

⑦ 축으로 한 발을 플레이트에 붙이고 있더라도 투구 동작을 일으키기 전이라면 언제라도 견제구를 던질 수 있다.

다만 그 경우에는 견제하려고 하는 방향으로 발을 내디디지 않으면 안된다. 이때 2루, 또는 3루에는 송구하는 흉내를 내다가 그만두어도 좋지만, 1루에만은 반드시 송구를 해야 한다.

●견제의 비결

주자는 투수가 내디디는 스파이크 끝에 주목하고 있어야 한다. 주자가 1루에 있을 때 투수는 왼쪽 어깨 너머로(우완투수의 경우)주자를 보는데, 이때 얼굴을 움직이면 주자가 알아차려버린다.

그러므로 얼굴을 움직이지 말고, 1루 주자와 홈을 눈으로만 포착하도록 해야 한다. 주자의 리드가 멈춰질 때까지 볼을 쥐고 있어서 주자로 하여금 편한 스타트를 하지 못하도록 한다. 그리고 견제할 경우에는 축으로 한 발을 반드시 플레이트로부터 떼어서 던진다.

⚾ 변화구를 던지는 방법 ⚾

위력 있는 직구를 던질 수 있게 되면 변화구를 던지는 연습을 하자. 직구에 더하여 낙차가 있는 커브나, 배터의 안쪽으로 파고 들어가는 스크류볼(슈트)을 던질 수 있게 되면 피칭에 폭이 넓어져 금상 첨화다.

변화구를 익힌다 하더라도 이것도 좋고, 저것도 좋다는 식으로 익힐 것이 아니라 하나, 하나 확실하게 숙달해 나가는 것이 중요하다.

직구와는 달리 변화구를 던질 경우에는 팔, 팔꿈치, 손목, 손가락에 상당히 무리한 힘을 가하게 되므로 바르게 던지는 방법을 익히기 바란다.

변화구를 던질 때의 주의사항은 다음과 같다.

① 직구를 던질 때 보다 각관절에 무리한 힘을 가하게 되므로 충분히 직구를 던져서 팔의 관절이 단련된 후에 시작할 것

② 반드시 느린 볼로부터 던지기 시작할 것

③ 변화구만 던질게 아니라, 직구를 섞어서 던지도록 할 것

커브를 던지는 방법

가운뎃손가락을 볼의 꿰맨 자리에 걸치고, 집게손가락을 그 가운뎃손가락에 따라 적당히 걸친다. 엄지손가락은 반대쪽의 꿰맨 자리에 걸쳐서 볼을 비틀면서 투구한다. 회전이 부여된 볼은 오른쪽과 왼쪽에서 공기 저항을 받아 구부러지게 마련이다.

커브의 위력은 어떻게 구부러지는가 하는 것이 아니라, 얼마나 날카롭게 구부러지는가에 있으므로 다소 볼을 깊게 잡아서 날카롭고, 빠르게 비틀도록 해야 한다.

크게 구부러지게 하려고 할 때는 꿰맨 자리에 걸친 엄지손가락이 하늘을 겨냥하여 볼을 튕겨 올리도록 함과 동시에 가운뎃손가락과

집게손가락에 의해서 위로부터 아래로 날카롭게 비틀어서 회전을 부여한다.

작게 구부러지는 커브는 가운뎃손가락과 집게손가락만으로　날카로운 회전을 부여하면 된다.

스크류볼을 던지는 방법

커브란 반대의 회전을 부여하는 투구다. 집게손가락과 가운뎃손가락을 꿰맨 자리에 대서 다소 깊게 잡고, 볼을 놓는 순간에 집게손가락에 힘을 넣어서 반대로 비틀도록 한다.

볼은 우완투수인 경우 우타자의 가슴쪽으로 파고들어가고, 좌타자에 대해서는 외각으로 빗나간다. 땅볼을 치게 하고 싶을 때 사용한다.

다만 스크류볼은 역학적으로 무리가 있으며, 팔꿈치나 어깨에 부담을 주어 어깨를 파괴하기도 하므로 바르게 던지도록 해야 한다.

커브의 손목 움직임

스크류볼의 손목 움직임

그 밖의 변화구

포크 볼, 슬라이더, 너클, 싱커, 팜볼 등이 있는데, 이것들은 특수한 변화구라 할 수 있는 것으로 프로야구 선수라도 숙달하는데 적어도 3년은 걸린다고 한다. 그래서 여기에서는 간단하게 언급하는 데에 그치겠다.

● 포크 볼

집게손가락과 가운뎃손가락으로 볼을 끼듯이 잡고, 그 사이로 볼이 빠져 나가듯이 던진다. 손가락이 길고, 속구를 던질 수 있는 사람이라면 회전이 적으며 흔들려서 떨어지는 볼을 던질 수 있다.

● 슬라이더

슬라이드, 다시 말해서 볼을 옆으로 미끄러지게 하는 투구다. 커브와 같은 방향으로 구부러지는 변화구의 일종이지만, 커브보다 그 변화가 날카롭고, 타자에게 접근된 후에 슬라이드하여 구부러진다. 볼의 중심으로부터 오른쪽을 쥐고, 직구와 같은 방법으로 던진다.

● 너 클

손가락의 관절로 볼을 튀겨 내듯이 하는 투구다. 타자의 손 부근에서 떨어진다. 세 개의 손가락으로 튕기는 사람과 두 개의 손가락으로 튕기는 사람이 있는데, 어느 쪽이라도 좋다.

손목의 효과를 발휘하지 않아서 볼에 회전을 부여하지 않고, 밀어내듯이 하여 던지는 것이 비결이다.

● 싱 커

싱크(가라앉는다)하는 볼을 말한다. 포크볼, 너클과 마찬가지로 볼에 회전을 부여하지 않고, 타자의 손 가까이에 가라앉히는 것이다. 볼의 꿰맨 자리를 피해서 깊게 쥐고 손목의 효과를 발휘하지 않고 던진다.

● 팜 볼

팜이란 「손바닥」을 뜻한다. 볼을 손바닥으로 둘러 싸듯이 하여 쥐고, 끈을 아래로 당기는 듯한 느낌으로 던진다. 싱커와 비슷한 변화구다.

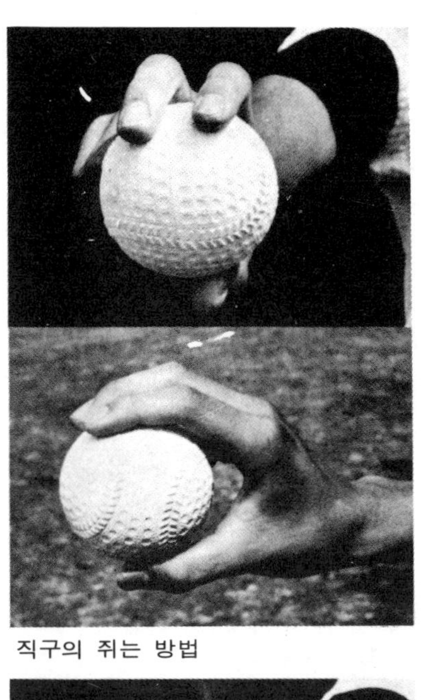

직구의 쥐는 방법

커브의 쥐는 방법

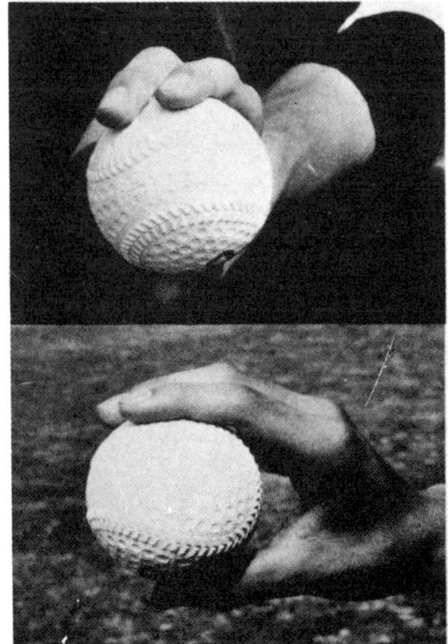

슈트의 쥐는 방법

포크 볼의 쥐는 방법

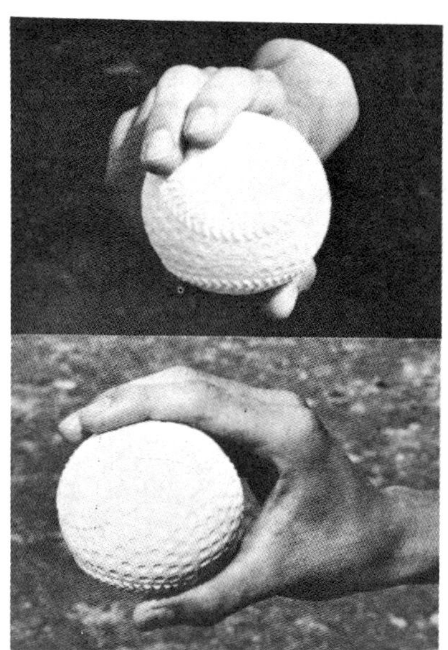

슬라이더의 쥐는 방법

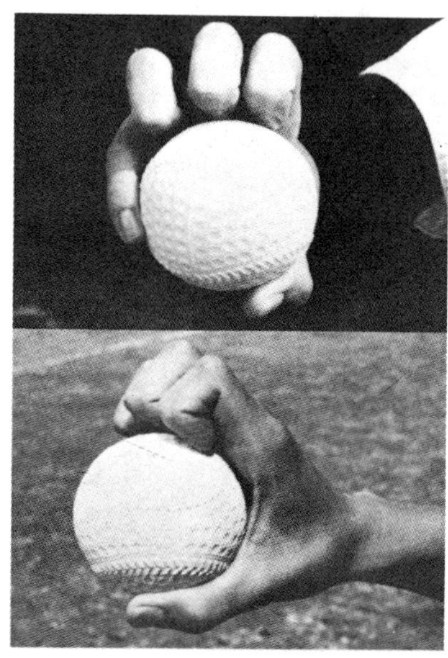

너클 볼의 쥐는 방법

싱커의 쥐는 방법

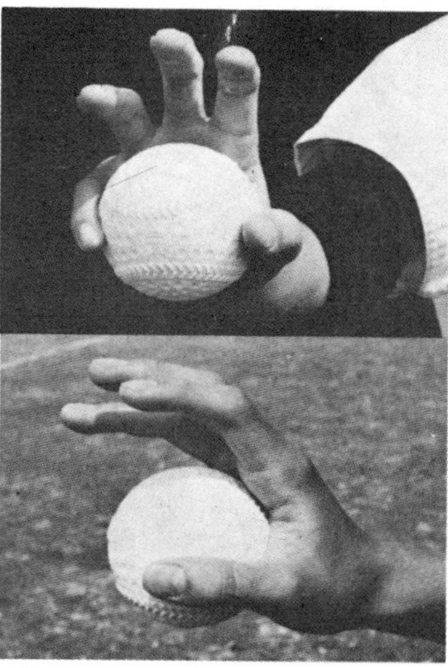

팜 볼의 쥐는 방법

⚾ 피칭 기술 ⚾

　피칭의 기본은 ① 자기의 장기인 볼을 살린다,　② 냉정하고 강하게 타자에게 대한다, ③타자의 약점을 간파하여 머리로써 승부한다, ④ 4 사구를 내지 않는다고 하는 따위다.
　거기에 더하여 스트라이크 존이나, 플레이트의 사용 방법,　모든 케이스에서의 대처 방법을 알아 둘 필요가 있다.

스트라이크 존을 크게 사용한다

　스트라이크 존이란 베이스 위의 오각형의 범위로서 타자의 무릎 위로부터 겨드랑이의 아래까지를 말한다. 볼을 이 존 안에 늘어 놓으면 세로로 11 개, 가로로 6개, 합계 66 개가 들어가게 된다.
　이 스트라이크 존 속을 통과시키기보다도 그 범위의 바깥쪽 일각을 지나가는 투구가 보다 더 스트라이크 존을 크게 사용하는 것이 된다.
　스트라이크 존을 넓게 사용하는 비결은 대각선 투법이다. 내각으로 높게와 외각으로 낮게, 외각으로 높게와 내각으로 낮게 콤비네이션을 이룸으로써 이 코스를 자유 자재로 구분해서 던질 수 있도록 연습해 주기 바란다.

플레이트를 최대한으로 사용한다

　플레이트의 길이 (가로)는 61 cm 다.　그 오른쪽 끝을 밟고 던지는 것과 왼쪽 끝을 밟고 던지는 것은 타자에게 주는 느낌이 전혀 다른 것이다.
　예를 들면 우완투수가 플레이트의 오른쪽 끝을 밟고, 스텝하는 발을 다시 그 오른쪽으로 내밀어 날카롭게 허리를 비틀어서 한껏 외각으로 던질 때 우타자라면 그 볼의 각도로 인해서 자신도 모르는 사이에 허리를 당길 것이다. 이렇게 던지는 방법을 클로즈드 투법이라 부르며, 플레이트를 가장 효과적으로 사용하는 방법의 하나다.

장기인 볼을 던진다

3할 타자라 하더라도 나머지의 7할은 범퇴(凡退) 되는 것이다. 상대 타자의 장점, 단점을 아는 일도 필요하지만, 단점을 공격하기에 급급하여 평범한 볼을 던지기보다는 쟈기의 가장 자신 있는 볼을 위닝샷으로 사용하도록 해야 한다.

도피하다가 얻어맞게 되는 것보다는 장기인 볼을 쳐보라고 하는 기백으로 던지는 것이 투구술을 향상시키는 것이다.

타자의 특징을 포착한다

상대 타자의 스탠스나 타격자세로 미루어 그 공략 방법을 알 수 있다. 그 요점을 다음에 정리해 보겠다.

① 배트를 세워서 자세를 취하는 사람은 낮은 볼에 강하고, 눕혀서 자세를 취하는 사람은 높은 볼에 강하다.

② 얼굴의 위치가 투수에 대하여 정면으로 자세를 취하고 볼을 위에서 쏘아보는 듯한 타이프는 높은 볼에 강하고, 반대로 얼굴을 숙이고 있는 사람은 낮은 볼에 강하다.

③ 홈 플레이트로부터 떨어져서 서 있는 사람은 가까운 볼에 약하

고, 반대로 홈베이스 가까이에서 자세를 취하고 있는 사람은 가까운 볼에 강하다. 이 구별은 타자 축족(포수쪽에 위치한 발)을 보고 판단한다.

④ 오픈 스탠스인 사람은 변화구에 약하고, 클로즈드 스탠스인 사람은 직구에 약한 경향이 있다. 클로즈드 스탠스에서는 허리를 충분히 비틀기 때문에 커브가 잘 보이게 된다.

⑤ 스탠스가 넓은 사람에게는 마음껏 내각 직구로 공격한다. 스탠스가 좁은 사람은 크게 내디디게 되므로 머리의 이동이 격렬해져 목표가 흔들리므로 커다란 변화구가 효과적이다.

⑥ 배트를 길게 쥐고 있는 사람은 장타력이 있으며, 짧은 사람은 미트(맞히기)를 장기로 한다. 길게 쥐는 사람에게는 그 긴 배트를 다 휘두르기 전에 속구를, 짧은 사람에게는 변화구를 던지는 것이 효과적이다.

8번 타자에게서 체인지하도록 하라

2사를 잡은 후에 8번 타자를 맞이했다고 치자. 이 경우 4번 타자를 대한 것과 같은 기분으로 이 8번 타자를 잡아버려야 한다. 「다음에는 9번인 투수이므로」라고 생각해서 출루시키면 투수를 잡았다고 하더라도 다음 회에는 1번 타자로부터 시작하게 된다.

4구를 절대로 내지 않는다

투수는 직구 우선의 피칭을 해야 한다. 4구는 투수의 수치라고 인식해 주기 바란다. 미국에서는 「히트를 친 타자가 2,3보 걸어간 후에 심장 마비로 쓰러졌을 때 그 동안에 1루로 송구하면 아웃시킬 수 있다. 그러나 4구의 경우에는 가령 죽더라도 대리 주자가 나와서 세이프되므로 4구는 내지 말라」고 말하고 있을 정도다.

케이스별 피칭의 기술

● 피치드 아웃은 완전히 빗나가게 한다

피치드·아웃이란 주자를 죽이기 위해서 타자가 칠 수 없는 볼을 고의로 던지는 것으로 웨이스트·볼이라 불리는 경우도 있다.

상대방에게 스퀴즈, 히트 앤드 런, 도루 등의 사인이 나와 있다고 예상될 때 사용한다.

빗나가게 하는 코스는 타자의 발 옆, 머리 위, 외각 멀리 등 타자가 닿지 않는 곳이어야 한다. 내각에의 피치드 아웃은 타자의 몸을 뒤로 젖히게 하여 주자를 죽이기 위한 송구를 하기 쉬워서 좋지만, 코스가 야무지지 못하면 배트에 맞아버린다. 포수로부터 주자에의 견제를 위해서, 혹은 타자를 경원시한 피치드 아웃의 경우에는 완전히 배트가 닿지 않는 코스로 빗나가게 해주기 바란다.

● **보내기 번트의 경우에는 내각으로 낮게 공격한다**

무사 1루 등 타자가 보내기 번트를 해올 것이라고 예상될 때는 한껏 내각으로 낮게 직구를 던진다.

일반적으로 낮은 편이 번트하기 어렵다. 직구보다도 변화구가 번트하기 어려운 것 같지만, 실제로는 변화구가 타이밍을 잡기 쉽고, 타구속도를 죽이기도 용이하다.

● **더블 플레이를 노리려면 낮게**

1 사 1루의 경우 등 타자를 땅볼로 죽이고, 더블 플레이를 노린다. 그러기 위해서는 타자의 무릎보다 아래로 볼을 모으는 것이 철칙이다. 또한 낮게 떨어지는 볼이나 내각으로 한껏 스크류볼을 던지면 더욱 효과적이다.

● **무사 2루의 공략법**

우타자에 대해서는 내각구를, 좌타자에 대해서는 외각구를 던지는 것이 철칙이다. 예를 들면 우타자가 내각구를 오른쪽 방향으로 가게 하는 것은 어려우므로 타구는 아무래도 왼쪽 방향으로 간다. 그렇게 하면 주자는 3루까지 나아가지 못하고, 타자를 아웃시킬 수도 있기 때문이다.

● **무사, 또는 1 사 3루의 경우**

높은 투구는 절대로 금물이다. 외야 플라이를 치게 하면 실점 당하기 때문이다. 1 사 1루 등에서 더블 플레이를 노릴 때와 마찬가지로 낮은 볼을 모아서 반드시 땅볼을 치도록 해야 한다.

필딩과 수비

⚾ 포구 (캐칭) ⚾

　좋은 수비는 좋은 수비 자세에서 생겨난다. 허리를 낮춰서 중심을 낮게 하고, 무릎을 느슨하게 하여 앞으로 구부린 자세를 취한다. 양쪽 발을 어깨 폭보다 조금 넓게 하고 중심을 양쪽 발의 엄지발가락 부분에 두도록 한다.

　발뒤꿈치는 조금 드는 것이 중요하다. 전후 좌우 어떤 타구에 대해서도 재빨리 몸을 움직일 수 있기 때문이다.

　글러브는 손가락 끝쪽을 지면에 수직이 되도록 둔다(맨손쪽도 같다). 이때 몸의 힘은·충분히 빼야 한다.

땅볼의 포구

●좋은 수비는 스타트로부터

　땅볼은 되도록이면 앞으로 나와서 잡는 것이 철칙이지만, 타구가 날아오고난 후부터 스타트해서는 이미 늦다. 투구의 코스와 타자의 스윙에 따라 바른 방향으로 스타트할 수 있도록 연습하기 바란다.

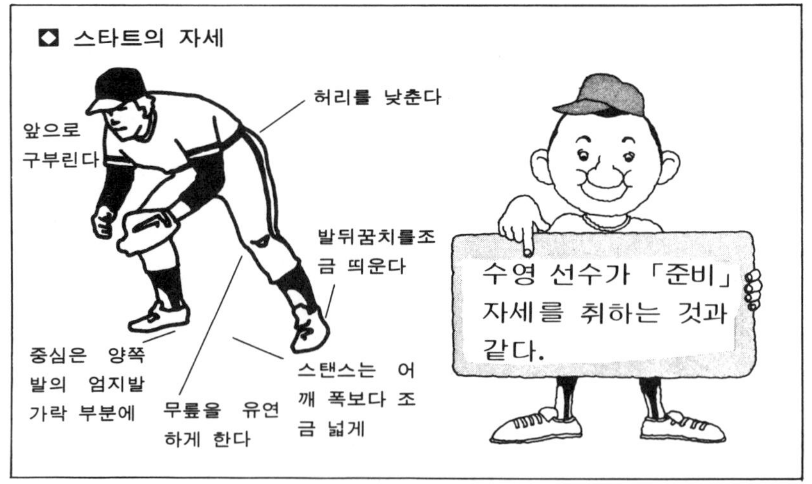

● 땅볼은 몸의 중심에서 잡지 말라

이제까지의 야구 기술서에서는 땅볼은 몸의 중심에서 잡으라고 쓰여져 있지만, 나는「왼발의 앞에서 잡을 것」을 권한다. "몸의 중심"이라는 말에 사로잡히면 아무래도 오른발이 중심이라고 생각되기 쉽다. 그러나 앞으로 한 걸음 내디딘 왼발이야말로 본래의 중심인 것이다. 왼발의 앞에서 포구하고, 오른발의 무릎이 지면에 붙을 정도면 그것이 그대로 송구 자세인 것이다.

● 땅볼은 앞으로 나가서 잡아라

뒤로 물러서서 잡으면 땅볼이 변화하거나, 불규칙 바운드를 일으키기 쉽다. 앞에서 잡도록 하면 다음의 송구 동작 때의 체중 이동도 유연하게 된다.「에러를 하지 않을까」라고 느끼는 것은 거의가 물러나서 잡으려고 할 때다.

● 강한 땅볼, 약한 땅볼의 경우

강하게 맞은 땅볼이라면 보통 땅볼보다도 자기의 자세를 낮게 한다. 글러브를 지면에 붙여 밑에서 위로 올리듯이 포구한다. 위에서 밑으로 누르듯이 하면 뒤로 빠뜨리기 쉽다.

약한 땅볼일 때에는 몸을 낮추지 말고, 대시하여 돌입해 들어가면서 땅볼에 타이밍을 맞추듯이 하여 잡는다.

〔땅볼의 포구〕

---

1 타구 방향으로 전력을 다하여 이동한다(사진 ❶~❸).
2 볼에 접근한 후에 포구하기 쉽도록 보폭을 맞춘다(사진 ❹).

〔플라이의 포구〕

---

1 타구 방향으로 전력을 다하여 이동한다(사진 ❶~❹).
2 낙하 지점에서 볼을 기다린다. 글러브의 뒤쪽이 얼굴로 향하도

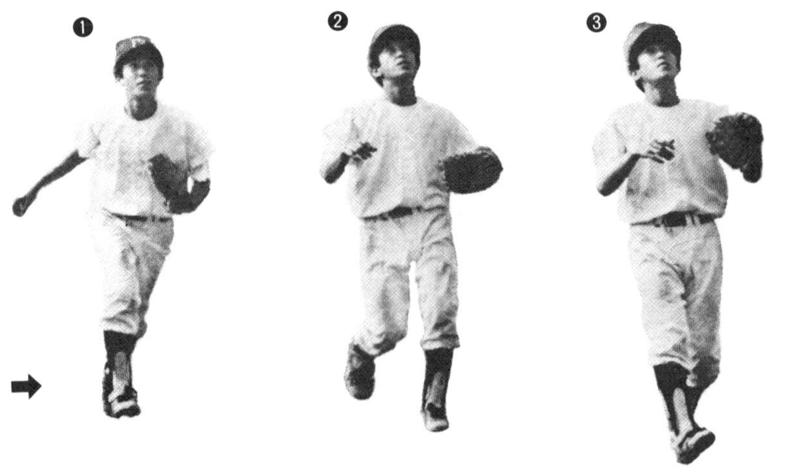

3 왼발을 한 걸음 앞으로 내밀고, 그 왼발의 앞에서 포구한다. 이 때 반드시 오른손이 따르게 해 둔다(사진 **5**).

4 재빨리 송구 자세로 옮겨 간다(사진 **6**).

록 위에 받친다(사진 **5**).

3 왼발(오른손으로 던지는 경우)을 송구 방향으로 1 보 내밀어서 포구한다. 포구 후에는 재빨리 송구에 들어간다(사진 **6**).

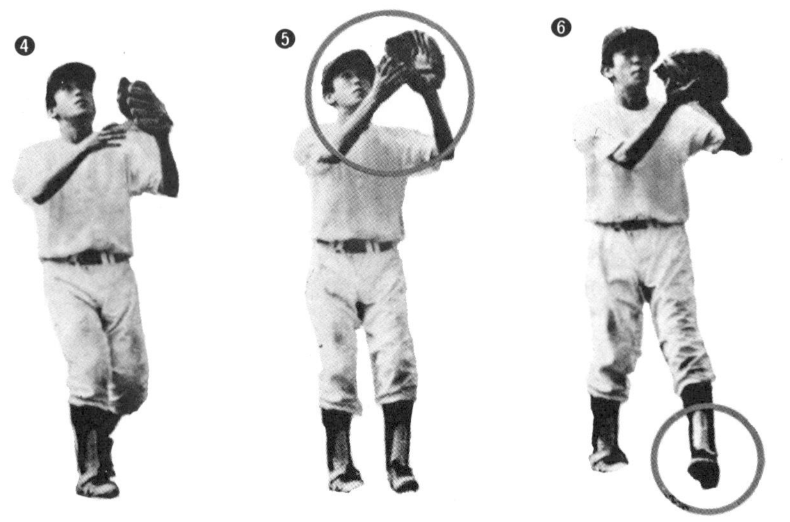

플라이의 포구

플라이가 있으면 재빨리 그 낙하 지점을 향해야 한다. 그러기 위해서는 그날의 컨디션(바람 방향이나, 태양의 위치 등)을 항상 염두에 두어야 한다.

이 감각은 수많은 플라이를 잡는 훈련을 거듭한 후에 비로소 터득할 수 있으므로 머리로 익히기보다 몸으로 익히기까지 연습하는 수 밖에 없다.

송구를 받는 포구

글러브를 볼에 대하여 직각으로 자세를 취하는 것이 원칙이다. 벨트보다 높은 송구에는 글러브의 끝을 위로 하고 낮은 경우에는 아래로 한다. 또한 송구가 오른쪽으로 빗나간 경우에는 글러브의 끝을 오른쪽으로, 왼쪽으로 빗나간 경우에는 왼쪽으로 한다.

글러브를 끼지 않은 손은 되도록이면 글러브에 따라가도록 한다. 벨트보다도 높은 송구에 대해서는 양손의 엄지손가락이, 낮은 송구에 대해서는 양손의 새끼손가락이 나란히 붙도록 한다.

포구 때 손을 맞대는 것은 정확하게 포구하기 위함과 다음의 송구 동작을 유연하게 하기 위해서다.

> ◎ **포지션별로 글러브를 선택하는 방법**
>
> 투수 및 외야수는 커다란 글러브이며, 내야수는 작은 글러브 ── 라는 것이 글러브의 선택 방법의 원칙이다.
>
> 투수는 손목을 글러브로 감추고 볼의 꿰맨 자리를 타자에게 보이지 않기 위해서, 또한 정면으로 온 라이너를 커트하기 위해서도 큰 편이 유리하다. 외야수도 또한 수비 범위가 넓고, 공을 떨어뜨리지 않기 위해서 커다란 편이 좋을 것이다.
>
> 한편 내야수는 포구 후에 재빨리 송구로 옮겨 가야 하므로 커다란 글러브로는 송구 동작이 늦어진다.

⚾ 송구 (드로우잉) ⚾

　「나는 잡은 볼을 어떻게 빨리 던질까 하는 것을 매일 생각하고 있다」──이것은 미국 메이저 리그에서 15년 연속해서 골든 글러브상을 받은 오리올즈의 명 3루수 B. 로빈슨의 말이다.
　볼을 잡았으면 재빨리 송구해야 한다. 바른 송구는 바르게 던지는 방법에서 생겨난다.

송구 자세

　송구 때 스텝한 발이 곧바로 송구 방향으로 향하고, 축으로 한 발은 송구 방향에 대하여 직각으로 되어 있는 것이 원칙이다. 그와 동시에 왼쪽 어깨(오른손으로 던질 경우), 송구하는 오른손도 바르게

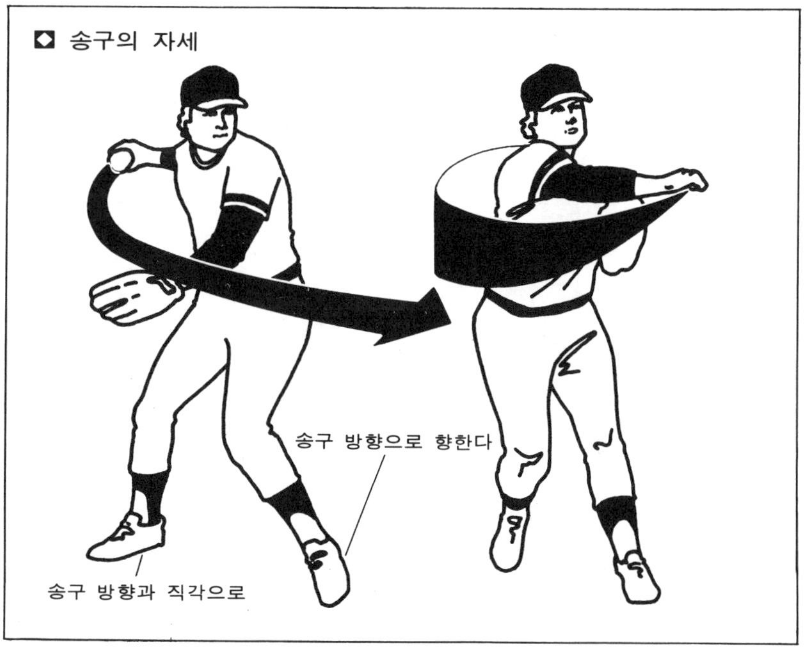

송구 방향으로 향한다.

　바른 송구의 조건은 정확하게 포구하여 재빨리 던지는 것뿐만 아니라 상대방이 포구하기 쉬운 볼을 던지는 것이다.

　오른손으로 던지는 경우를 예로 들면 송구가 스크류볼 기미로 변화하는 사람은 머리가 왼쪽으로 기울어져서 머리와 던지는 손 사이가 지나치게 벌어져 있다. 반대로 커브 회전으로 되는 사람은 머리가 오른쪽으로 기울어져 있게 마련이다. 머리가 약간 왼쪽으로 기울어지고, 귀 옆에 온 송구하는 손이 몸의 중심에 오는 자세가 원칙이다.

송구의 종류

　전야수가 보통으로 던지는 경우의 오버핸드 드로우, 포수가 주로 사용하는 스냅 드로우, 내야수에게 많은 사이드암·드로우, 각종의 토스, 러닝·드로우, 점핑·드로우 등이 있다. 이것들에 관해서는 다음 항 이후의 각 야수의 수비에서 적절히 해설하겠다.

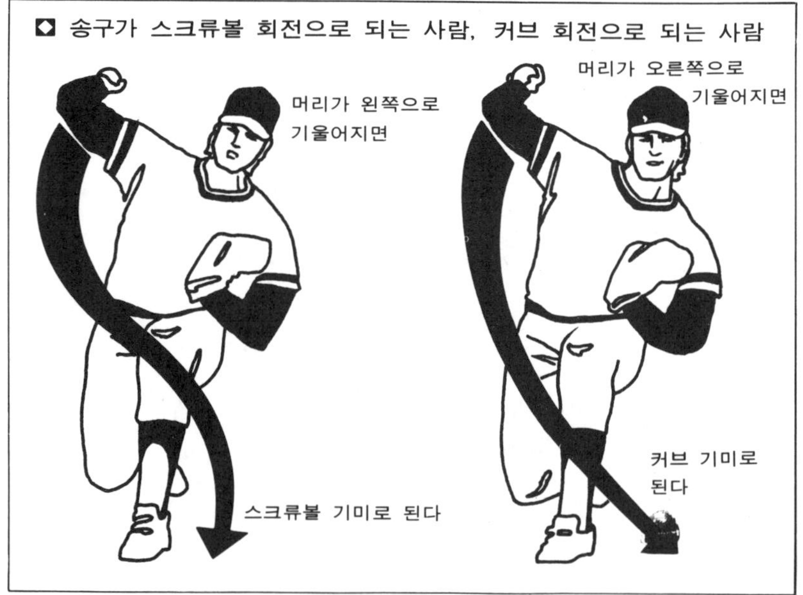

〔드로우잉〕

---

1 양손을 가슴 앞으로 당겨 붙이듯이 포구하여 송구 방향으로 마주 향한다(사진 **❶~❷**).

2 중심을 뒤쪽 발에 싣고, 앞쪽 발을 송구 방향으로 내디딘다. 축으로 한 발은 송구 방향에 대하여 직각이 되도록 한다(사진 **❸~❹**).

3 중심을 앞쪽 발에 옮겨서 송구한다. 상대방의 가슴을 노려 몸 전체로 던진다. 송구 후에는 플로 드루를 충분히 취한다(사진 **❺~❻**).

⚾ 투수의 수비 ⚾

투수는 5번째의 내야수라 한다. 던지기를 끝낸 순간부터 타자에게 가장 가까운 위치에 있는 야수이다.

번트의 처리

요점은 투구 동작을 끝낸 후에 어떻게 빨리 번트에 대하여 스타트를 하는가에 있다. 눈앞으로 굴러 온 볼에 대해서는 재빠른 모션으로 포수의 지시에 따라 송구한다.

베이스 커버와 백업

●베이스 커버

타구의 방향이나 상대방 팀의 공격에 대해서 다음과 같이 베이스 커버에 들어간다.

① 자기보다 왼쪽(1.2루) 방향으로 타구가 왔을 때는 무조건 1루로 들어간다.

② 주자가 2루에 있고, 상대방이 번트 해 온 경우 번트 처리를 할 수 없을 때는 3루로 들어간다.

③ 2루, 또는 3루에 주자가 있고, 와일드 피치나 패스 볼이 있었을 때는 본루로 들어간다.

●백 업

투수의 백업 포지션은 3루와 본루뿐이다. 백업은 포구하는 야수에게 지나치게 접근해서는 작용할 수 없으므로 3루라면 펜스의 조금 앞쪽, 본루라면 백 네트의 조금 앞쪽에 선다.

① 1사 주자 1루에서 라이트 앞으로 히트가 나오면 3루쪽 악송구에 대비해서 3루를 백업한다.

② 백에의 송구가 예상될 때는 본루를 백업한다.

⚾ 포수의 수비 ⚾

　야구의 포지션 가운데서 가장 해내기 어렵고, 그만큼 가장 중요한 역할을 가지고 있는 것이 포수다. 수비 위치는 나머지 8명의 야수와 서로 향하고, 더구나 상대방 타자와 가장 가까운 곳이다.

　자기 편과 상대방 팀을 항상 깊게 관찰하고, 아군 투수의 능력을 최대한으로 발휘시키면서 변해 가는 전황을 포착, 아군의 수비를 지휘한다.

자　세

　「포수는 묵직하게 자세를 취하라」고 하는 것은 잘못이다. 기본적인 자세는 오른발을 왼발보다 조금 물러나는 기미로 하고, 발의 넓이는 어깨 폭보다 조금 넓게 한다. 발끝을 투수 방향으로 똑바로 향하고, 양쪽 엄지발가락 부분에 체중을 싣는다.

　양쪽 팔을 느슨하게 뻗고, 오른손은 손가락이 삐는 것을 방지하기 위해서 엄지손가락을 속으로 하여 느슨하게 쥔다. 넓적다리와 상체의 각도를 90도 정도 유지한다.

또한 주자가 없을 때는 투수의 콘트롤을 낮게 하기 위해서 지면에 스칠 정도로 자세를 취하고, 주자가 있으면 허리를 조금 높게 한다.

사인을 내는 방법

양쪽 무릎을 죄고 오른발을 조금 앞으로 내밀어서 1루 코치의 시선을 차단하고 미트를 사용하여 3루 코치의 시선을 차단하도록 자세를 취한다.

가장 간단하게 사인을 내는 방법으로서 한 개의 손가락은 직구, 두 개의 손가락은 커브, 세 개의 손가락은 스크류볼이라는 식이지만, 2루에 주자가 있으면 곧 간파되어버리므로 이 사인을 연속하여 나타내서 그 가운데 몇 번째가 진짜 사인인가 하는 것을 결정해 두는 방법도 있다. 이 밖에 구종(球種)을 자기 편의 야수 전원에게 전달하는 방법으로 투수에게 사인을 끝내고 다시 앉을 때 오른발로부터 내밀어서 앉으면 직구 왼발부터라면 변화구란 방법도 있다.

포　구

포구 때 미트가 빗나가지 않도록 미트를 항상 안쪽으로 향해서 포구한다. 외각구라 하더라도 역싱글과 같은 형태로 잡으면 미트는

사인을 나타내는 방법

반드시 안쪽을 향한다.

　최근에는 낮은 투구가 많아졌다. 원 바운드하는 듯한 볼에 대해서는 몸 전체를 벽으로 하는 듯한 기분으로 반드시 앞에서 멈추도록 하지 않으면 안된다.

번트의 처리

　번트가 1루 방향으로 굴러가는 경우 포수는 자기가 잡는 편이 빠르다고 판단했을 때는 자기가 처리한다. 오른손으로 던질 경우 그 방향의 타구에 대해서는 주자가 잘 보이기 때문에 포수가 송구하기 쉽다.

　미트의 뒤쪽을 아래로 하여 양손으로 끼듯이 떠올려서 잡는다. 타구가 멈췄을 때는 맨손으로 처리하는 편이 빠를 것이다.

포수 플라이의 처리

　포수 플라이는 비뚤어진 타구로 되는 경우가 많고, ℓ 자형으로 볼이 돌아서 떨어진다. 미트를 위로 향하여 눈 높이에서 잡는 것이 원칙이다.

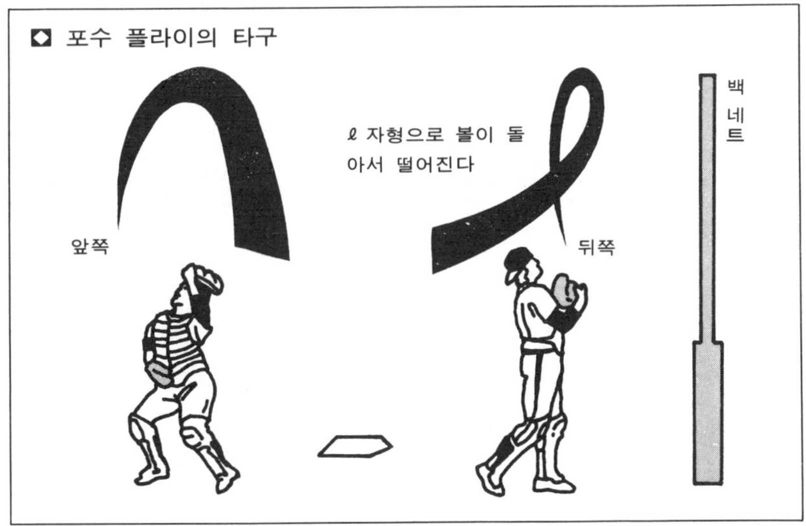

플라이가 올라간 후에 재빨리 마스크를 벗고, 볼의 낙하 지점으로 향한다. 백 네트 방향의 플라이는 오른쪽으로 돌아 센터 방향에 등을 돌리고 잡는다.

송 구

포수의 송구는 투수에게 되돌려 주는 것과 도루 저지, 더블 플레이를 위한 각 베이스에의 송구 등이다.

● **포구와 송구**

작은 모션으로 스피드가 있는 볼을 콘트롤하면서 빨리 던져야 한다. 이렇게 하기 위해서는 풋워크와 캐칭, 정확한 스냅 드로우가 중요하다.

2루 등에 송구할 때는 미트에 오른손을 따라 포구하여 미트를 오른쪽 귀 부근까지 당기면서 볼을 오른손에 바꾸어 쥐고, 그 위치에서 던진다. 이 미트를 오른쪽 귀 부근까지 가지고 오는 것이 반동을 부여하여 작은 모션으로 던지기 위한 기본인 것이다.

● **송구의 풋워크**

정확한 송구의 기초가 바로 풋워크다. 1루에의 견제나 2루에의 송구 때 앞으로 스텝한 발을 송구 방향으로 한 걸음 내디딘다.

3루에 송구할 경우에는 투구된 볼이 외각쪽이나 내각쪽으로 되

2루에의 송구

어 풋워크가 달라진다. 그림과 같이 스텝하여 송구한다. 다만 내각
쪽일 경우는 타자의 등 너머로 송구하지 않으면 안된다. 하기 어려
울 때는 외각쪽으로 스텝하더라도 좋을 것이다.

태그 플레이

　태그 플레이(주자를 터치하는 플레이)의 경우에는 본루의 3루쪽
의 모퉁이를 왼발로 밟고, 송구해 오는 야수의 방향으로 몸과 미트
를 대비한다. 송구를 받으면 터치하는 순간 왼발을 벌려서 미트의
뒤쪽을 주자에게 향하여 터치한다.

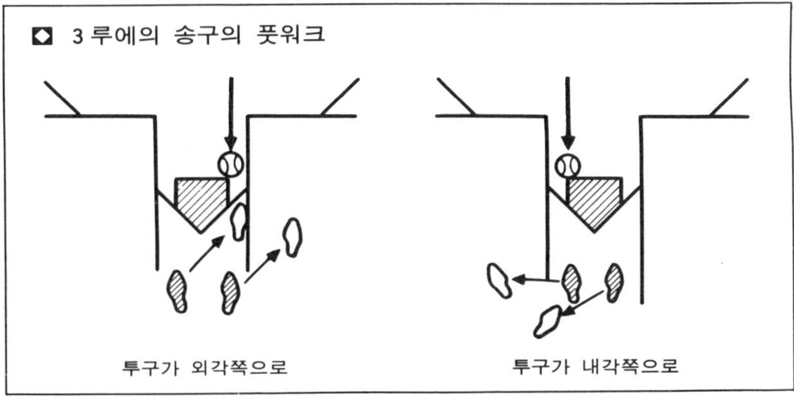

⚾ 1루수의 수비 ⚾

1루수로는 우선 키가 큰 사람이 적당하다. 전야수 가운데서 송구를 가장 많이 받는 사람이 1루수다. 키가 크면 그만큼 포구할 수 있는 범위가 넓어진다.

또한 1루수로는 왼손잡이가 좋다고 한다. 이것은 번트 처리 등에서 2루에 송구할 때 왼손으로 던지는 편이 재빠른 동작을 할 수 있기 때문이다.

수비 위치

우타자의 1루 방향에의 타구는 바깥쪽으로 꺾이듯이 날아 온다. 좌타자가 풀 스윙한 타구는 라이너로 엄습해 온다.

보통은 베이스 라인 뒤쪽의 2루쪽 위치에서 수비한다. 주자가 1루에 있을 경우에는 베이스 위에 위치하여 투수의 투구와 동시에 통상의 수비 위치로 되돌아간다.

주자 1루에서 좌타자가 나왔을 경우에는 1루수가 베이스에 붙어 있기 때문에 공격측은 히트 앤드 런을 사용하는 경우가 많은 것 같다. 1.2루 사이를 단축하려고 2루 방향으로 지나치게 나가면 1루선상의 타구에 대해 역모션이 되어 공을 빠뜨리게 된다.

1루선을 빠져 나가면 대개는 장타가 되므로 이 경우에는 1.2루 사이를 뚫고 나가는 편이 오히려 좋다고 생각하고 수비에 임해주기 바란다.

포   구

● 야수 송구의 포구

송구하는 야수에게 양손을 어깨 높이에서 벌려 목표를 만들어 준다. 축으로 한 발의 발끝을 베이스에 붙이고, 다른 한 쪽 발을 볼 쪽으로 충분히 뻗는다. 축으로 한 발의 발뒤꿈치를 베이스에 붙이

◆ 1 루수의 수비 위치
1루수
1루수
▲ 주자가 없을 때
▲ 주자가 있을 때
▼ 주자 1루, 또는
1·2루인 때 (무사)
▼ 주자 1루인 때 (1
사나, 2 사)
때때로
견제에 들어간다
2 루 방향으로
번트에 대
비한다
▲ 주자 1·2루인 때 (1 사
나, 2 사)

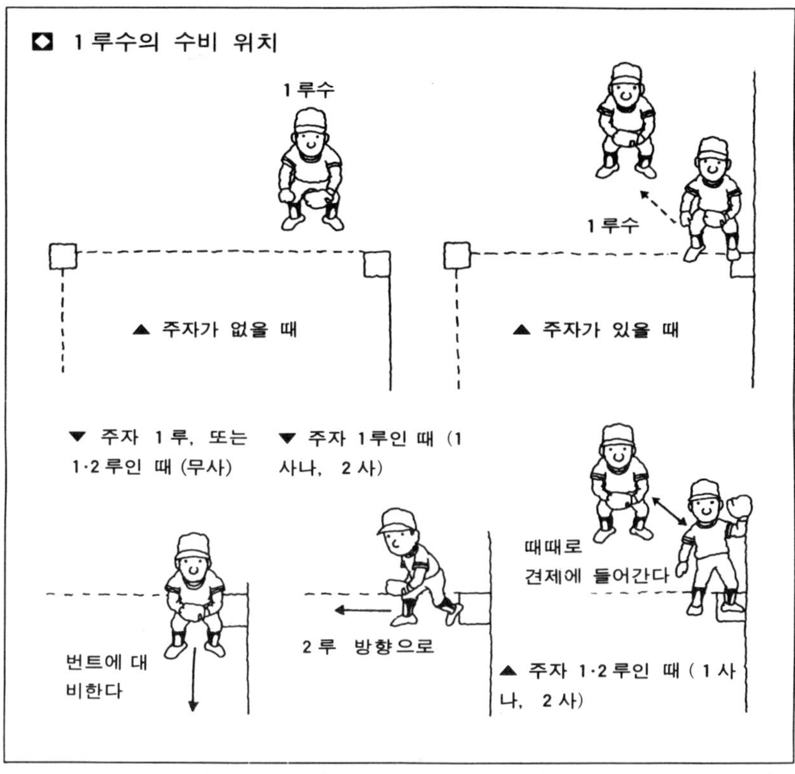

1 루수의 포구 자세

고 있으면 송구가 조금 빗나갔을 때 발이 베이스에서 떨어지기 쉽게 된다.

1루수의 포구에서는 쇼트 바운드가 많아진다. 공포감이 있는 경우에는 포수용의 마스크를 쓰고 연습하면 좋을 것이다.

● **견제구의 포구**

축으로 한 발을 베이스에 붙이고, 양쪽 무릎을 부드럽게 조금 구부리며, 양쪽 팔을 가슴의 위치에 대비하고 투수로부터 한 순간도 눈을 떼지 않도록 한다.

주자에게 터치할 때는 몸을 오른쪽으로 벌려 재빨리 미트를 움직인다.

● **포수 송구의 포구**

번트 등에서 포수로부터 송구를 받을 때는 베이스에 발을 붙인 채로는 주자의 뒤가 되어 포수가 던지기 어려워진다.

그럴 때는 1루수가 조금 옆으로 이동하여 송구하기 쉽도록 해 준다. 익숙하지 않은 1루수는 베이스에 너무 구애받아 거기에서 떠나기를 두려워하여 주자와 부딪혀 볼을 떨어뜨리게 된다. 베이스를 떠나서 포구한 후 베이스로 들어가거나 주자를 터치하면 역시 아웃시킬 수 있다.

주자가 나왔을 때의 수비 자세

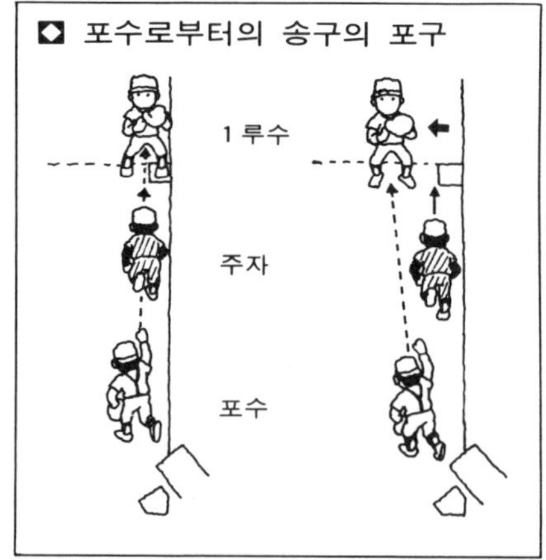

2루에의 송구

타구를 잡아서 1루 주자를 2루에서 포스 아웃할 경우 2루에는 아직 유격수가 들어오지 않은 경우가 많을 것이다. 유격수는 달리면서 베이스에 들어오므로 송구는 땅볼을 처리한 장소에 따라 목표를 정해 둔다.

구체적으로는 베이스 라인의 안쪽에서 땅볼을 포구하면 주자에게 볼이 맞지 않도록 하기 위해 2루의 안쪽으로, 라인의 바깥쪽에서 포구하면 바깥쪽의 지면으로부터 1.5 m 정도 위를 목표로 던진다.

번트의 처리

번트 시프트의 열쇠는 1루수가 쥐고 있다. 타자가 번트의 자세를 보이면 맹렬히 대시하여 주자를 2루에서 포스 아웃시킬 작정으로 처리한다.

다만 번트의 자세에서 히팅으로 나가는 버스터·번트도 시도되는 경우가 있으므로 충분히 주의해 두어야 한다.

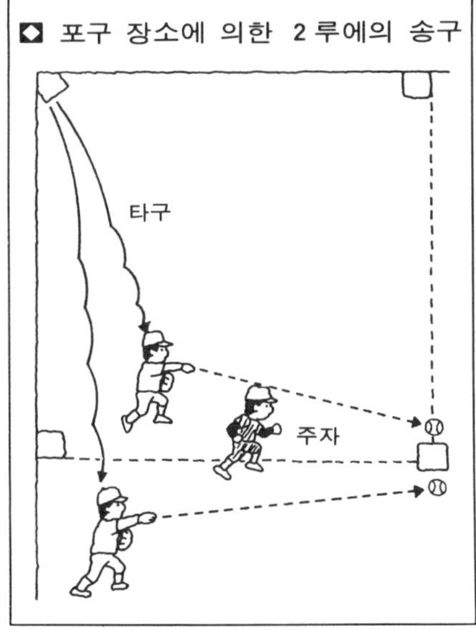

번트 처리의 풋워크

⚾ 2루수, 유격수의 수비 ⚾

치밀화된 근대 야구에서는 2루수의 역할이 매우 중요하다. 번트 시프트, 도루, 더블 플레이, 히트 앤드 런 등의 모든 수비에 관계되어 있다.

2루수의 적격으로는 모션이 작고, 기민하게 움직일 수 있음과 동시에 전황을 냉정하게 판단할 수 있는 사람이다.

유격수는 수비 위치가 내야에서 가장 깊기 때문에 발이 빠르고, 포구가 확실하며, 송구력이 좋은 사람이 요구된다.

이 2루수와 유격수의 콤비는 항상 서로 협력하여 수비하므로 키스톤(쐐기돌) 콤비라 불리고 있다. 그래서 이 항에서는 2루수와 유격수를 함께 해설하겠다.

자세와 수비 위치

● 자세 취하는 방법

2루수와 유격수는 땅볼에 대하여 가장 기민한 움직임이 요구된다. 양쪽 발을 적당히 벌리고 무릎을 느슨하게 구부려서 몸의 밸런

키스톤 콤비

스를 취하며, 오른발을 조금 뒤로 당겨서 자세를 취한다. 글러브는 볼을 잡는 면을 앞으로 향해서 쥐고, 지면에 스칠 정도로 자세를 취한다.

● **히트 앤드 런의 수비 위치**

키스톤 콤비의 수비 위치가 특히 어려운 것은 히트 앤드 런의 경우다. 2루에 2루수와 유격수 가운데 어느 쪽이 들어가는가에 관해서 옛날에는 1구마다 포수의 사인을 보고, 외각이라면 유격수, 내각이라면 2루수(우타자의 경우)가 들어가기로 되어 있었다. 그러나 근대 야구에서는 우타자라면 2루수, 좌타자라면 유격수가 2루를 커버한다고 결정되어 있다.

또한 수비 위치도 원래 위치보다 베이스쪽으로 움직여 지킨다. 정위치에서 지킬 때 땅볼이 오면 베이스 커버 때문에 반대쪽을 공격당해 잡을 수 없는 경우가 많아진다. 미리 베이스에 1~1.5m 접근해서 지키고 있으면 베이스에 들어가는 일에만 정신을 빼앗기는 일이 적어지므로 반대쪽을 공격당하는 일도 없다.

<table><tr><td>포　구</td></tr></table>

● **땅볼의 포구**

수비 범위가 넓고 좁음은 1보째의 스타트에서 결정된다. 좌우의 땅볼에 대해서는 크로스오버 스텝으로 스타트한다. 그렇게 하는 편

크로스오버 스텝

이 한 순간이라도 빨리 송구할 수 있기 때문이다.

땅볼이 자신의 오른쪽으로 날아 온 경우에는 왼발을 오른발의 앞으로 크로스시키는 형태로 가지고 온다. 이때 오른발을 고정시키면 몸에 무리함이 생겨 리듬을 잡을 수 없으므로 오른발을 발뒤꿈치쪽부터 회전시켜 양 무릎이 부드러워지면 땅볼에 리듬을 맞출 수 있다. 왼쪽으로 날아온 경우에는 그 반대다.

정면 땅볼에 대해서는 오른손으로 던질 경우 오른쪽 무릎을 지면에 낮춰서 볼을 잡도록 한다.

● **플라이의 포구**

플라이에 대해서는 미리 태양의 위치와 바람의 방향과 강도를 머리 속에 넣어 둘 필요가 있다. 수비 위치보다 뒤쪽으로 올라간 플라이를 쫓을 경우에는 후퇴하면서 글러브를 내밀면 뒤로 빗나가는 수가 많으므로 등을 내야로 돌리고, 볼이 떨어지리라고 생각되는 지점까지 달려가서 거기에서 뒤돌아서서 포구한다.

3루 뒤쪽의 플라이는 3루수보다 유격수가 잡기 쉽다. 3루수와 좌익수에게 소리를 지른 후에 포구한다.

송 구

● **토 스**

가까운 야수에게 송구할 때 사용한다. 상대방의 가슴 부근을 노려서 던진다기보다는 그대로 상대방에게로 달려들듯이 손수 전하는 느낌으로 보내준다.

포구하기 쉽도록 볼의 회전을 가능한 한 적게 하는 편이 좋으므로 손목의 스냅을 사용하지 않도록 한다. 볼을 바꾸어 쥘 시간이 없다고 생각될 때는 포구한 글러브에서 그대로 송구하는 글러브 토스도 사용된다.

● **백핸드 토스**

토스하기에는 너무 멀고, 던질 때 몸을 회전시키지 않으면 안될 경우 사용되는 드로우잉이다. 예를 들면 오른손으로 던지는 야수가 오른쪽 방향으로 재빨리 던져야 할 경우 볼을 쥔 오른손의 손바닥

토스

글러브 토스

백핸드 토스

을 송구 방향으로 밀어 내듯이 토스한다.

● 스냅 드로우

토스하기에는 멀고, 마음껏 던지기에는 지나치게 가까운 경우의 드로우잉이다. 손목만의 효과를 발휘해서 던진다.

● 팔꿈치를 사용한 드로우잉

스냅 드로우에 팔꿈치의 움직임을 더한 드로우잉으로 키스톤 콤비는 물론이고, 내야수의 던지는 방법의 기본이다.

오른손으로 던질 경우 포구 후에 곧 오른손을 오른쪽 귀 옆으로 가지고 가는 것이 비결이다. 투수처럼 몸 전체로 던져서는 타이밍이 맞지 않으므로 팔꿈치로부터 위쪽만을 사용한다. 3루~유격수 사이의 땅볼을 잡았을 때, 2루수가 1~2루 사이의 땅볼을 잡아서 1루에 송구할 때에 잘 사용된다.

● 점핑 드로우

더블 플레이 때 주자의 슬라이딩을 피해 뛰어 올라서 송구할 때의 드로우잉이다.

● 러닝 드로우

잘 맞지 않은 땅볼이나, 세이프티 번트 때 송구하는 드로우잉이다. 달려가면서 던질 때 손만으로 던지게 되어 콘트롤이 흐트러지므로 목표보다 왼쪽으로 던질 작정으로 던지면 정확한 송구로 된다.

점핑 · 드로우

러닝 · 드로우

● 롱 드로우

멀리 던지는 것이다. 유격수가 3루～유격수 사이의 깊은 위치에서 포구했을 때, 또는 2루수가 센터로 빠질 듯한 땅볼을 잡았을 때에 사용한다. 팔만으로는 빠른 볼을 던질 수 없으므로 몸 전체를 사용하여 던진다.

태그 플레이

● 터치하는 방법

베이스 위에서 주자를 기다려 터치할 경우에는 주자에게 너무 신경을 쓰지 말아야 한다. 베이스를 가로막듯이 하고, 글러브를 베이스에 붙여서 자세를 취한다. 포구 때는 주자에게 글러브를 차여서 볼이 튀어 나가지 않도록 확실하게 잡고, 그대로 주자의 다리에 터치한다.

자기쪽에서 주자를 쫓아 가듯이 터치하러 가면 주자가 솜씨좋게 돌아가버린다. 흔히 「쫓아가서 하는 터치」라 하여 초심자가 범하기 쉬운 미스다.

● 협살(挾殺) 플레이

한 주자를 놓고 야수 여러 명이 옭아매어 아웃시키는 플레이다.

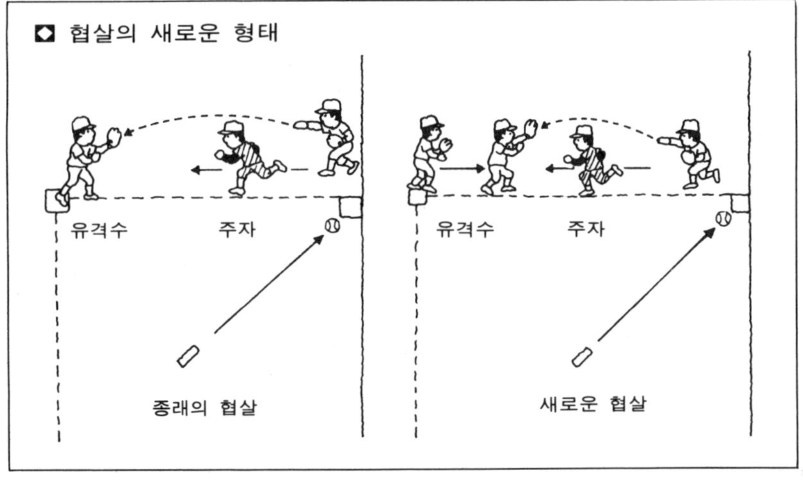

협살 플레이에서는 앞의 누(1·2루 사이에서는 2루)로 주자를 몰아서 아웃시키는 것이 원칙이다.

다만 이것은 다른 데에 주자가 없을 경우이며, 가령 주자 1·3루에서 1루 주자를 끼고 할 경우에는 오히려 3루 주자의 움직임에 주의하면서 1루 주자를 쫓을 필요가 있다.

여기에서 1루 주자를 1·2루 사이에서 끼고 할 경우의 협살을 생각해 보자. 투수의 견제로 주자를 몰아내 1루수가 2루 방향으로 쫓아간다. 종래에는 여기에서 유격수가 2루 베이스로 들어가 1루수로부터의 송구를 받아 주자를 1루 방향으로 다시 몰아가서 1루수와 유격수가 주고 받으면서 어느 쪽인가가 주자에게 터치하기로 되어 있었다.

그렇지만 근대 야구에서는 더욱 기민한 움직임이 요구된다. 그 방법은 1루수가 쫓아갈 때 유격수가 주자 가까이까지 달려와 1루수로부터 송구를 받아 즉시 터치하는 것이다.

그러기 위해서 유격수는 주자가 협살에 걸리면 곧 1루 방향으로 달려간다. 유격수가 주자의 뒤쪽 2 m 정도까지 온 곳에서 1루수가 유격수에게 송구하며, 그것을 받은 유격수는 달리는 기세를 멈추지 않고, 그대로 주자를 터치한다. 이 동안에 2루는 2루수가 커버한다.

더블 플레이

주자 1루인 경우의 더블 플레이를 생각해 보자. 3루수, 유격수, 투수 가운데 누구의 앞에든 땅볼이 굴러 왔을 때는 2루수가 2루로 들어간다.

1루수 또는 2루수의 앞, 혹은 투수의 바로 앞에 땅볼이 굴러왔을 때는 유격수가 2루로 들어간다.

땅볼을 잡은 야수와 마주 대하여 베이스의 약 70 cm 앞으로 나가 송구를 받음과 동시에 1루로 송구한다. 베이스 위에서 송구를 받으면 거기에서 한 걸음 내디뎌 1루로 던져야 하므로 그만큼 시간이 소모된다.

◆ 2 루수 중심의 더블 플레이

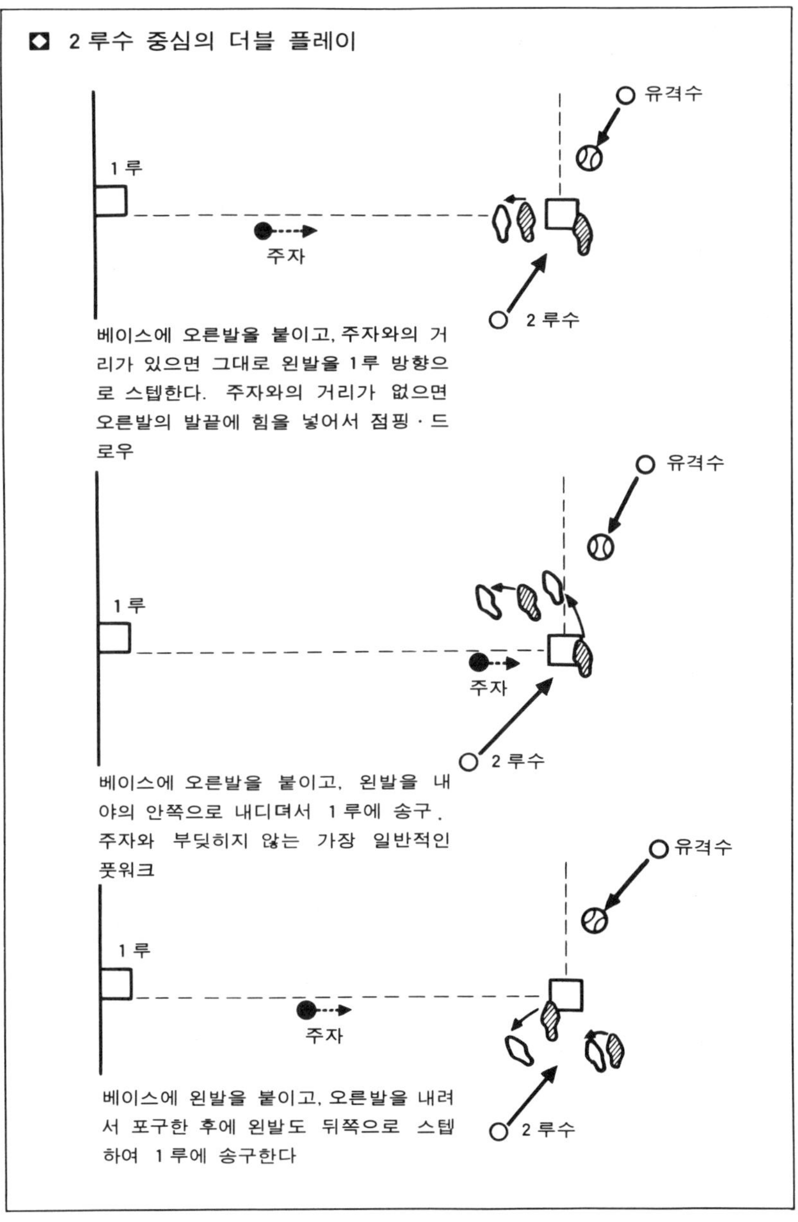

베이스에 오른발을 붙이고, 주자와의 거리가 있으면 그대로 왼발을 1루 방향으로 스텝한다. 주자와의 거리가 없으면 오른발의 발끝에 힘을 넣어서 점핑·드로우

베이스에 오른발을 붙이고, 왼발을 내야의 안쪽으로 내디뎌서 1루에 송구. 주자와 부딪히지 않는 가장 일반적인 풋워크

베이스에 왼발을 붙이고, 오른발을 내려서 포구한 후에 왼발도 뒤쪽으로 스텝하여 1루에 송구한다

◪ 유격수 중심의 더블플레이

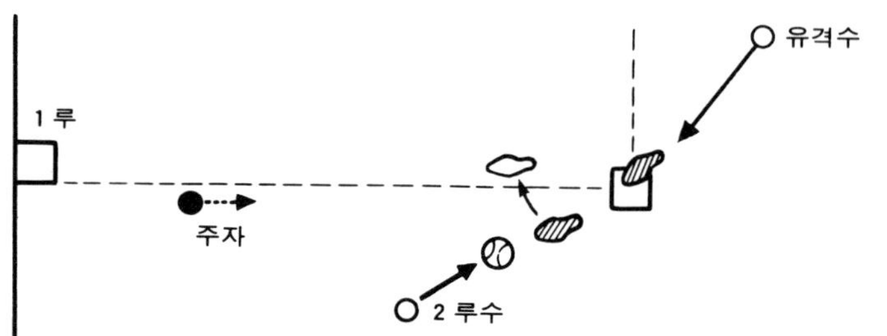

베이스에 오른발을 붙이고, 그대로 왼발을 조금 스텝하여 1루에
송구. 가장 빨리 전송할 수 있지만, 주자와 부딪히기 쉽고, 야수
로부터의 송구가 빗나가면 자세가 붕괴된다

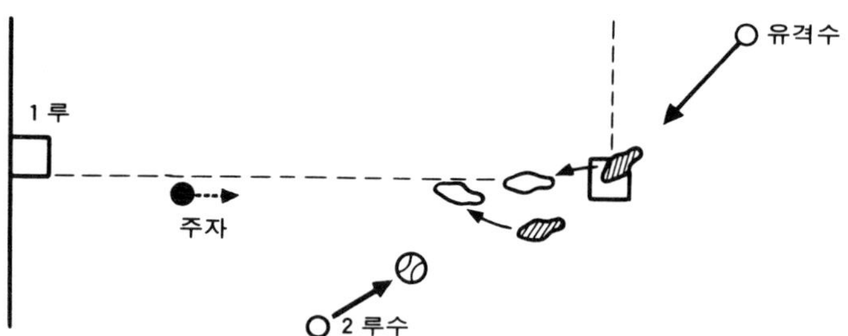

베이스에 오른발을 붙이고, 그대로 힘껏 베이스를 가로질러서 왼
발을 2루쪽으로 내디디며, 오른발을 베이스에서 떼서 중심을 옮
기고, 왼발을 1루쪽으로 스텝시켜서 1루에 송구

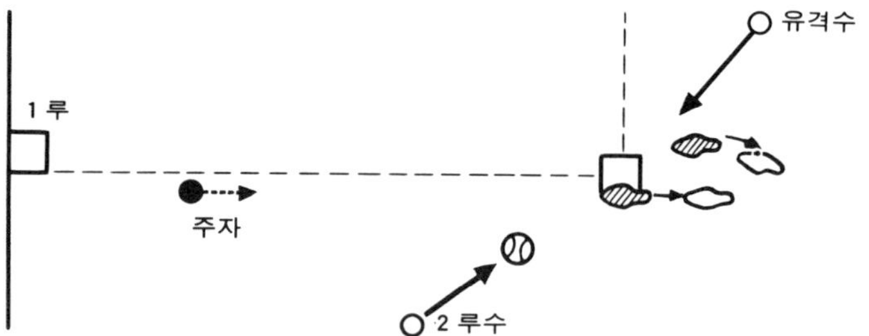

베이스 터치는 왼발. 송구를 받은 후에 뒤로 내려서 1루에 송구.
주자와의 거리가 있어서 슬라이딩이 예측되는 경우의 풋워크

주자의 견제

2루 위에 주자가 있을 경우 2루수와 유격수는 될 수 있는 한 주자를 견제해야 한다. 투수 또는 포수와의 사인 플레이에 의해서 2루수와 유격수가 번갈아, 또는 단독으로 베이스에 들어간다.

유격수가 들어가는 것처럼 보이다가 2루수가 들어가거나, 2루수가 재삼 견제해 두고, 최후로 유격수가 들어가 주자를 죽이는 등 두뇌적인 작전도 생각해 볼 수 있을 것이다.

도루 때의 커버

이제까지는 2루의 베이스 커버에는 좌타자의 경우 유격수가 들어가고, 우타자의 경우에는 2루수가 들어가기로 되어 있었다. 그러나 근대 야구에서는 투수의 투구 내용에 따라 커버하는 사람이 결정된다. 유격수가 베이스를 커버하는 것은 모두 우타자에 대하여 속구가 던져진 때와 좌타자에 대하여 커브가 던져진 때다. 2루수가 베이스를 커버하는 것은 좌타자에의 속구와 우타자에의 커브 때다.

번트 때의 커버

타자가 희생 번트의 자세를 취했을 경우 2루수는 타자쪽으로 몇 걸음 움직이고, 타구가 굴러가면 왼쪽으로 회전하여 1루 커버로 달려간다. 투구와 동시에 타자쪽으로 향하는 것은 푸시 번트나, 드래그 번트에 대비하는 것으로 보내기 번트임을 알면 즉각 1루로 향한다. 희생 번트의 경우에는 1루수가 맹렬히 대시하여 볼을 잡으려 할 때 1루가 비기 때문이다.

2루수의 1루 커버는 왼발을 베이스의 끝에 붙이고, 글러브를 가슴 부근에서 자세를 취하여 송구의 목표를 제공한다. 이때 유격수는 2루의 커버로 들어간다.

2루에 주자가 있어서 희생 번트가 예상될 경우에는 유격수가 되도록 주자를 베이스로 끌어당겨 두면 3루에서 아웃시킬 수 있다. 이 경우 유격수의 수비 위치는 2루로부터 1m 정도 좌익 방면으로 접근한 곳으로서 투수가 투구 동작으로 들어가면 보통의 수비 위치로 되돌아간다.

커트·오프 플레이(릴레이 플레이)

● **타구가 외야로 날아간 경우**

라이트로 볼이 날아간 경우 2루수는 2루에의 송구의 커트·오프를 한다.

센터로 볼이 날아간 경우에는 키스톤 콤비 가운데 한 사람이 2루 커버에 들어가고, 한 사람이 중견수로부터의 송구를 커트·오프한다. 날아가는 볼이 외야를 빠져 나갔을 경우에 커트·오프 맨은 타구 방향으로 가까이 달려가서 릴레이맨이 된다.

● **릴레이맨의 역할**

좌익, 또는 좌중간으로 장타가 날아간 경우에는 유격수가 릴레이에 들어가고, 우익 또는 우중간으로 장타가 날아간 경우에는 2루수가 릴레이에 들어간다.

릴레이맨은 외야수가 날아온 볼을 처리하고 있는 동안에 몸의 방향을 바꾸어서 주자의 위치를 확인해 두고, 외야로부터의 송구를 받은 후에 적절한 처치를 할 수 있도록 해 둔다.

커트

⚾ 3루수의 수비 ⚾

　내야 가운데서 가장 강한 땅볼이나, 라인 드라이브가 날아오는 포지션이므로 별명이 「핫·코너」라고도 불리고 있다.

　3루수는 타구를 멈출 것을 우선 생각해야 한다. 2루수나 유격수보다도 앞에서 지키고 있으므로 몸 앞에 멈추기만 하면 확실히 아웃시킬 수 있다.

　3루수는 파이팅이 있으며, 볼을 두려워하지 않고, 적극적으로 향해 가는 사람이 적합하다.

자세와 수비 위치

　강렬한 타구가 날아오는 반면에 잘못 맞은 느린 땅볼도 날아 오므로 어느 내야수보다도 낮게, 스타트하기 쉽도록 자세를 취한다.

　우타자의 경우에는 라인쪽으로 위치하고, 좌타자의 경우에는 조금 유격수쪽에서 지킨다.

3루수의 자세

포 구

● 땅볼의 포구

라인 옆으로 오는 타구에 대해서는 몸을 날리면서 포구하는 적극성을 가져야 한다. 유격수 쪽의 땅볼에 대해서는 유격수의 앞을 가로질러 달려가서 이것을 포구하지 않으면 안된다.

번트 때도 맹렬히 대시하여 타이밍이 아슬아슬할 경우에는 러닝·드로우로 1루에 송구한다.

정면으로 오는 강타에 대해서는 오른쪽 무릎을 지면에 대고 확실하게 포구한다.

● 플라이의 포구

수비 위치의 플라이는 물론이고 마운드 부근의 비구(飛球)도 3루수가 잡도록 한다.

파울·플라이에는 재빨리 스타트하여 펜스 근처로 오면 거기에서 비구를 향해 움직이도록 한다.

포수와의 중간으로 올라간 플라이도 3루수가 잡는다. 이런 종류의 비구는 포수 쪽에서 3루 방향으로 흘러 오기 때문이다.

라인 옆의 타구의 처리

번트의 처리

번트가 예상되면 수비를 얕게 하며, 타자가 번트의 자세를 보인 후에 맹렬히 대시한다.

약한 땅볼인 경우에는 대시하여 그대로 맨손으로 볼을 잡아 1루에 러닝·드로우로 던진다.

라인 옆으로 오는 땅볼은 바깥쪽으로 꺾이는 수가 많으므로 주의가 필요하다. 게임 전에 라인을 따라 굴러가는 타구의 상태를 조사해 주기 바란다.

더블 플레이

야수로부터 송구를 받을 경우에는 양쪽 발을 2루 방향으로 향해서 베이스 위에 다리를 벌려 자세를 취하고 상체를 송구하는 야수에게 향한다.

도루에 대비, 포수로부터의 송구를 받을 경우에는 양쪽 발을 본루 방향으로 향해서 베이스 위에 다리를 벌리고 자세를 취한다.

투수의 백업

견제구가 1루수로부터 다시 투수에게 되돌아올 때 3루수는 반드시 몇 걸음 오른쪽 앞으로 나가서 투수를 백업한다. 만일 투구가 빗나가더라도 주자를 2루로 진루하지 못하도록 하기 위해서다.

주자의 견제

3루 주자는 득점 주자이므로 득점차가 없을 때나 무사, 또는 1사의 경우에는 주자의 리드를 적게 하도록 하기 위한 견제가 필요하다. 3루 주자의 견제는 거의 3루수가 단독으로 하므로 마음껏 몇 번이라도 반복해서 주자가 베이스로 들어가도록 한다.

주자의 리드가 크다고 생각될 때는 포수와의 사인 플레이에 의해서 주자를 터치 아웃시킬 것도 생각해 주기 바란다. 이 경우 주자와 부딪히지 않도록 포구 위치를 바꿀 필요가 있다.

번트의 처리

◆ 3루수의 터치 플레이의 풋워크

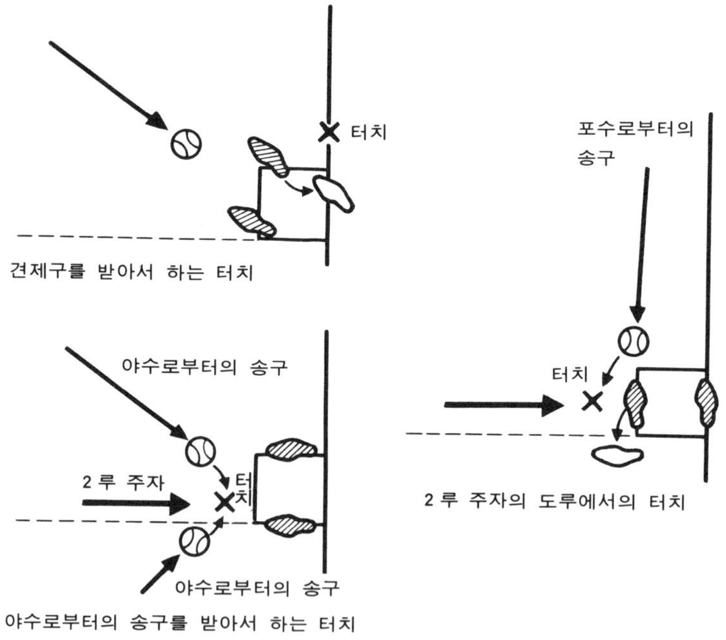

⚾ 외야수의 수비 ⚾

수비 범위가 가장 넓은 것이 외야수다. 플라이를 포구할 수 없으면 장타로 되는 경우가 많으므로 우선 주력이 있어야 한다. 또한 각 루로부터 가장 떨어져 있으므로 재빨리 멀리 던질 수 있는 튼튼한 어깨가 필요하다.

그밖에 항상 상황에 따른 수비 위치를 생각하는 반사 신경이 필요하다. 판단이 나쁘면 내야를 빠져 나간 타구가 장타로 되어버리기 때문이다.

내야의 에러는 하나의 누를 주고, 외야의 에러는 세 개의 누를 주게 된다.

● **가장 어깨가 강한 사람을 우익수로**

초보단계의 야구에서는「가장 야구가 서투른 사람을 우익수에다 8번 타자로 기용하지만 외야수 가운데서 가장 발이 빠르고, 튼튼한 어깨가 요구되는 것이 우익수다. 우익수 앞의 히트로 1루 주자를 3루까지 나아가게 하는가의 여부는 우익수의 어깨에 달려 있다. 더우기 히트 앤드 런을 많이 사용하는 오늘날 우익수는 외야 가운데서도 가장 중요한 포지션이다.

● **발이 빠른 사람을 센터에**

외야수 가운데서 가장 포구할 기회가 많은 것이 중견수다. 센터에서는 투수가 던진 공의 코스를 알 수 있어서 코스에 따라 미리 스타트의 준비를 할 수 있으며 플라이 타구도 그다지 꺾이지 않으므로 발이 빨라서 전후 좌우에 걸친 넓은 수비력을 가진 사람이 중견수에 적합하다.

● **반드시 어깨가 강하지 않아도 좋은 좌익수**

보통 3명의 외야수 가운데서 가장 어깨가 약한 사람을 좌익수로 한다. 3루에 가깝고, 본루로는 커트 맨에게 중계시키는 편이 빠르며, 정확하게 송구할 수 있는 경우가 많기 때문이다.

자   세

내야수와 마찬가지로 발끝에 중심을 두고 자세를 취한다. 다만 내야수보다도 허리를 조금 높게 한다.

스타트는 크로스오버 스텝으로 타구의 낙하 지점에 일직선으로 달려간다.

포   구

그라운드에 들어가면 먼저 바람의 방향을 머리 속에 넣어두기 바란다. 깃발이 어느 쪽으로 날리고 있는가, 깃발이 없으면 그라운드의 모래를 집어 올려서 바람의 방향을 알아 두어야 한다. 또한 지상에서는 느낄수 없어도 상공에는 춤추는 듯한 바람이 불고 있는 경우도 있다.

타자가 강하게 치면 타구는 라인쪽으로 흘러간다. 라인 위로 굴러가는 볼은 옆으로 미끄러지듯이 꺾여 나간다.

또한 타자가 다운 스윙인가, 어퍼 스윙인가 하는 것에 따라서 타구의 거리가 늘어나는 상태가 달라지므로 알아 두기 바란다(118 페

이지 참조).

● 높은 플라이의 포구

플라이의 낙하 지점에 이르면 글러브의 뒤쪽을 얼굴쪽으로 향하고, 글러브를 갖지 않은 손을 곁들여서 자세를 취한다.　포구 때는 글러브째 가슴에 당겨 붙이는 느낌으로 잡는다.

가까이 달려가도 잡을듯 말듯한 얕은 플라이의 경우에는 글러브의 뒤쪽을 아래로 향해서 손을 내미는 느낌으로 포구한다.

● 뒷걸음질치는 포구

외야 수비에서 플라이에 대하여 뒷걸음질하는 것은 퍽 위험하다. 빠져 나가면 장타로 되기 때문이다.

자기의 뒤쪽으로 플라이가 올라가면 재빨리 180도 회전하여 낙하 지점을 향해 스타트한다. 이때 볼의 방향을 생각하기 전에 하여간 180도 회전한 후에 볼의 방향을 확인해야 한다.

● 라이너의 포구

라이너는 눈 깜빡할 사이에 외야에 도달하게 되므로 공의 성질을 천천히 생각하고 있을 여유가 없다.

내야수의 머리 위를 빠져서 날아오는 타구가 그대로 뻗어 올 것

뒷걸음질하여 캐치

인가, 혹은 세력이 약해질 것인가 하는 것을 미리 타자의 스윙에서 알아 두는 일이 중요하다.

어퍼 스윙의 타자는 볼 중심점의 조금 위를 치므로 타구가 아래로 향해 회전하므로 내야수의 머리 위를 넘을 때는 공기 저항으로 급히 떨어지게 된다. 반대로 다운 스윙의 타자인 경우에는 같은 라이너라도 떠올라 온다.

● **다이빙 캐치**

발부터 미끄러져 들어가는 방법과 머리로부터 뛰어 들어가서 포구하는 방법이 있다.

발부터 미끄러져 들어가는 경우에는 글러브를 가슴이나 벨트 부근에 붙여서 포구한다. 머리로부터 뛰어 들어갈 경우에는 몸이 앞으로 푹 꼬꾸라지므로 배구에서의 회전 리시브 요령으로 포구 후에는 앞쪽으로 텀블링을 한다. 좌우의 어느 쪽으로 다이빙할 경우에도 요령은 같다.

● **파울 플라이의 포구**

타구가 파울 라인 가까이로 올라갔을 때는 보통의 플라이와 요령이 같다.

파울이 펜스 근처로 올라갔을 경우에는 먼저 펜스까지 달려가서 펜스에 평행으로 움직이면서 포구한다.

다이빙 캐치

경기 전에 펜스의 상태와 펜스 가까이의 그라운드 컨디션을 머리에 넣어 둘 필요가 있다.

● **야수의 중간으로 올라간 플라이에 대하여**

내야수와 외야수 중간의 플라이는 뒤돌아 서서 뛰는 내야수보다도 외야수가 전진해서 포구한다.

외야수끼리의 중간 플라이는 어깨가 강한 편이 잡는다. 다만 우중간의 플라이 등은 우익수와 중견수가 다 같이 오른손잡이라면 송구 자세에 들어가기 쉬운 우익수가 잡는다.

● **터치 업을 방지한다**

3루에 상대방의 주자가 있어서 터치 업으로부터의 득점을 노리고 있는 듯한 상황에서 플라이가 올라갔을 경우에는 포구 이전부터 거기에 대비해 둘 필요가 있다. 낙하 지점의 2, 3보 뒤에서 받기를 기다렸다가 도움닫기를 하면서 포구하여 잡은 자세인 채로 송구할 수 있도록 한다.

또한 깊은 파울 플라이나 포구 후에 송구하기 어려운 위치로 올라간 파울 플라이는 잡지 않도록 한다.

터치 업으로부터의 생환을 막기 어려운 듯한 경우에는 포구 시점을 어긋나게 하는 트릭 플레이가 있다. 가슴 부근에서 포구하는 시늉을 하며, 지면에 스칠듯이 하여 포구하는 것이다. 가슴 부근에서 포구했다고 주자가 판단하면 그 시점에서 베이스를 떠나게 되므로 이루(離壘)가 지나치게 빠르다고 하여 어필 아웃시킬 수 있다.

송　구

포구의 시점에서 이미 송구에 대해 생각해 두어야 한다. 오른손으로 던지는 외야수라면 왼발을, 왼손으로 던지는 외야수라면 오른발을 충분히 앞으로 내밀어 둔다.

●백　홈

홈에는 원·바운드로 송구하는 것이 원칙이다. 좌익수 앞의 히트의 경우에는 3루수가, 중견수 또는 우익수 앞의 히트의 경우에는 1루수가 커트하러 들어가므로 커트·맨의 얼굴을 겨냥해서 노 바운드로 도달하도록 송구한다. 커트·맨이 커트를 하지 않으면 포수에게는 원·바운드로 도달한다.

백　업

내야의 땅볼에 대해서도 외야수는 백업할 것을 게을리해서는 안된다.

예를 들어 1사에서 1루에 주자를 두고, 유격수 앞 땅볼을 쳤다면 중견수는 유격수의 백업을 하고, 우익수는 2루를 백업한다. 이것은 유격수로부터의 송구가 악투(惡投)로 되는 경우를 예상해서 하는 백업이다.

또한 무주자에서 레프트 방면에 싱글 히트를 친 경우에는 중견수가 좌익수를 백업하고, 우익수는 2루를 커버하고 있는 2루수를 백업한다. 이렇게 함으로써 1루수는 자유롭게 움직일 수 있어 주자가 1루를 돌아서 지나갔을 경우의 꾀어내기 플레이를 위해서 1루를 커버할 수 있기 때문이다.

Part⑤
베이스 러닝과 도루

⚾ 베이스 러닝 ⚾

야구의 러닝과 육상경기의 러닝은 근본적으로 다르다. 육상경기에서는 "직선 주법(走法)"이지만, 야구는 "변화 주법"이다. 야구의 경우에는 어떻게 빨리 달리는가 하는 것과 동시에 어떻게 멈추는가, 되돌아가는가라고 하는 조건도 포함된다.

러닝의 기본

육상경기의 러닝에서는 「다리를 높이 올려서 달려라」고 하지만, 이것이 야구에서는 통용되지 않는다. 다리를 높이 올려 달리면 재빠른 턴을 할 수 없기 때문이다.

베이스 러닝은 그저 앞으로 달리는 것만이 아니다. 상황에 따라서 달리는 것처럼 가장하거나, 백하거나 하는 유연성과 기민함이 요구되므로 다리를 낮게 하여 달리는 것이 비결이다.

육상경기와 또 하나의 커다란 차이는 얼굴을 향하는 방법이다. 야구의 경우에는 사각의 다이어몬드를 왼쪽으로 돌아가므로 얼굴을 왼쪽으로 향하고, 체중이 마운드 방향으로 기울어지게 해야 한다.

본루에서 1루로 달려가는 방법

●친 후에는 곧 낮은 자세를 취한다

배트를 휘두르기까지는 「타자」이지만, 친 후에는 「타자 주자」로 바뀐다. 일초라도 빨리 스타트하기 위해서는 친 후에 곧 낮은 자세를 취하고 그 자세에서 대시한다.

맹수가 먹이를 노리듯이 낮게 스타트하여 가속화된 후에 상체를 일으키도록 한다.

●가공의 1루를 상정하여 달린다

1루까지 전력으로 질주하는 것이 타자 주자의 의무다. 야수의 악송구, 1루수의 낙구(落球)가 있을지도 모른다. 또한 전력 질주에 의해서 상대방 야수에게 에러를 유발하게 할 수도 있다.

　１루까지의 27m를 전력으로 질주하기 위해서는 1루를 목표로 해서는 목표 지점에서 기운이 늦춰져 자연히 스피드가 둔해진다. 1루 뒤에 또 하나의 1루 베이스를 상정하여 거기까지 전력 질주할 작정으로 달려야 한다.

2루를 노리는 베이스 러닝

　회심의 저스트 미트로 히트가 된 경우 타자주자는 1루를 박차고 2루까지 노리게 되는데, 이 경우 달리는 코스로는 두 종류가 있다.

● **땅볼의 경우**

　내야수 사이로 땅볼을 쳤다고 가정하자. 타자주자는 포구될 것을 생각하여 처음에는 직선으로 달리고, 포구되면 최후까지 일직선으로 달려 1루를 빠져 나간다. 볼이 내야수 사이를 빠져 나간 경우에는 1루 베이스를 박차고, 2루 베이스를 엿보는 태세로 들어간다.

● **2루타 성으로 맞은 경우**

　처음부터 2루를 노리는 베이스 러닝을 한다. 타자주자가 된 순간부터 1루 베이스를 빙 돈다.

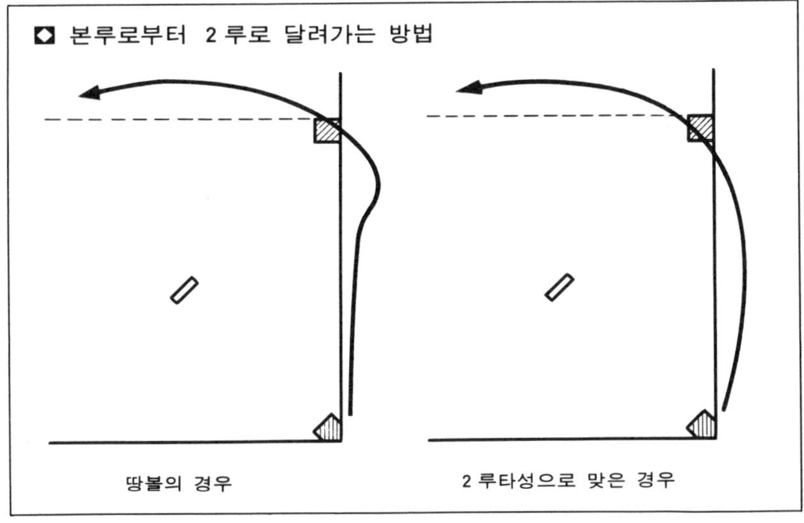

〔친 후의 달리는 방법〕── 우타자의 경우

❶ 스윙이 종료된 상태. 체중이 3루 방향으로 실려 있다.
❷ 몸을 1루 방향으로 내던지듯이 스타트한다.

❻　　　　　　　❺　　　　　　　❹

〔친 후의 달리는 방법〕── 좌타자의 경우

❶ 스윙이 종료된 상태. 왼발부터 스타트한다.
❷~❻ 곧 최고 스피드로 우타자의 경우와 마찬가지로 1루 베이스

❻　　　　　　　❺　　　　　　　❹

❸〜❺ 곧 최고 스피드로 달린다.
❻ 목표 지점을 1루 베이스의 뒤에 두고, 전력으로 달려 베이스를
빠져 나간다.

뒤에 목표 지점을 두고, 1루를 빠져 나간다.

오버런과 귀루(歸壘)의 코스

외야수 앞에 히트를 친 경우엔 오버런의 거리와 귀루의 코스가 각각 다르다.

●좌익수 앞 히트의 경우

1루로부터 가장 먼 위치에서 송구해야 하므로 여유가 있으며, 오버런은 7m 정도로 커진다. 귀루는 ℓ 자형의 코스를 취한다. 외야수로부터의 송구 코스에 들어가 1루수의 시야를 차단하기 위해서다.

●중견수 앞 히트의 경우

송구 위치가 1루에 가까와지므로 오버런은 5m 정도로 조금 짧게 한다. 귀루의 경우에는 센터에게 등을 돌려서 1루수의 시야를 차단한다.

●우익수 앞 히트의 경우

좌익수 앞이나 중견수 앞만큼 오버런 할 필요는 없다. 귀루는 역시 우익수에 등을 돌려서 되돌아온다. 송구 코스가 라인을 따르게 되므로 ℓ 자형의 반대의 형태로 된다.

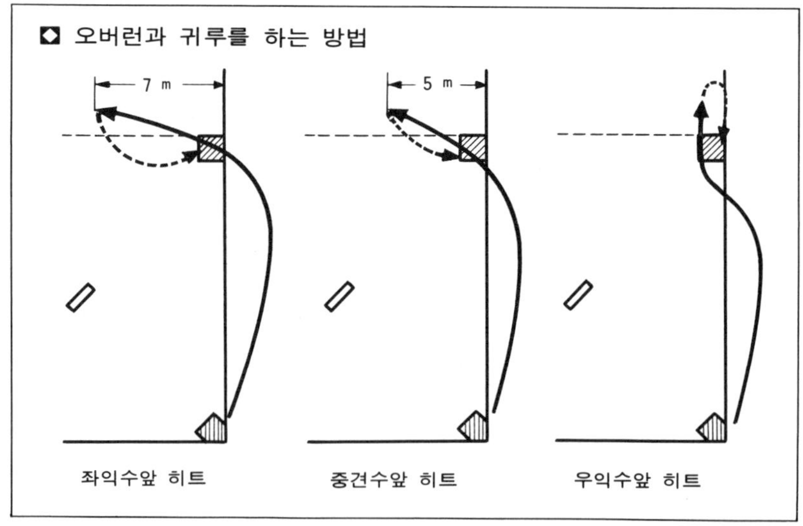

리드하는 방법

주자가 되면 리드를 충분히 해서 투수를 견제함과 동시에 한 순간의 틈이라도 있으면 곧 다음 누를 노리도록 한다.

리드의 자세는 중심을 발끝에 두고, 상체를 앞으로 구부린다. 일 보째는 가속화시키기 위해서 왼쪽 엄지발가락의 안쪽으로 차는 듯한 느낌으로 크로스오버 스텝으로 스타트한다. 귀루 때는 반대로 오른발의 엄지발가락의 안쪽에 힘을 넣어 역시 크로스오버 스텝으로 되돌아온다.

리드에서 중요한 것은 자기의 세이프티·리드를 머리 속에 넣어 두는 것이다. 세이프티·리드란 투수가 견제의 움직임에 들어가더라도 거기에서 돌아갈 수 있을 만한 리드를 말한다. 이것은 연습에 의해서 체험적으로 포착해 두도록 한다.

● **리드의 종류**

1루의 리드에는 다음의 세 종류가 있다.

① 원 웨이(한 쪽편) 리드

2루로 갈 의사가 전혀 없을 경우에 마음껏 리드해서 투수의 심리를 동요시킬 때 사용한다. 리드를 크게 하는 것은 2루를 노리는 것이 아니라, 다만 1루로 돌아가는 것만을 생각하면 되기 때문이

표준적인 투 웨이 리드

다.

② 투·웨이(양편) 리드

도루도 하고 귀루도 할 경우에 사용한다. 리드는 원 웨이보다 적게 한다.

③ 워킹 리드

리드를 적게 해 두고, 투수가 모션에 들어감과 동시에 리드를 하기 시작한다. 보통의 리드는 일단 멈추지만, 이 리드에는 정지의 상태가 없다. 적게 리드하여 탄력을 붙여 달려 나가는 방법이다.

● **2 루에서의 리드**

2 루주자가 되면 3 루로 나아갈 뿐만 아니라, 항상 홈으로 돌아갈 것을 생각하고 있어야 한다. 리드의 위치는 2 루와 3 루를 연결하는 직선보다도 2m쯤 뒤로 한다. 이것은 3 루를 박차고 홈으로 향할 때 멀리 빙 돌지 않아도 됨과 동시에 유격수가 2 루의 견제에 들어가는 진로를 방해하고, 2 루수의 움직임을 시계에 넣어 두기 위해서다.

리드를 하고 있을 때는 볼을 가지고 있는 사람, 다시 말해서 투수만을 보도록 한다. 그렇게 하면 세이프티·리드의 위치에서 유격수 등이 견제에 들어가더라도 당황해서 움직일 필요가 없다.

유격수 등의 움직임에 이끌려서 귀루하기 시작하여 모처럼 타자

2 루에서의 표준적인 리드

가 히트를 쳤는데도 홈 인할 수 없는 미스를 초심자 들에게서 흔히 찾아볼 수 있다.

● **2루에의 귀루**

2루로의 귀루는 태그 플레이를 위해서 2루수 또는 유격수가 움직이면 재빨리 베이스로 들어온다. 타이밍이 아슬아슬한 경우에는 볼이 잘 보이고, 게다가 미끄러져 들어온 후에 빨리 일어나기 위해서 혹 슬라이딩(133 페이지 참조)으로 되돌아온다.

● **3 루에서의 리드**

3루에서의 리드는 그다지 크게 할 필요가 없다. 리드하는 위치는 반드시 페어·그라운드의 바깥쪽이다. 페어 안으로 들어가면 3루선을 빠져 나가는 장타 코스의 타구가 주자에게 맞아서 수비 방해로 되는 경우가 있다.

홈·스틸의 경우에는 리드의 크기보다도 상대방의 방심을 이용하는 것 밖에 성공의 길이 없다.

번트 때의 주루(走壘)

번트의 사인이 나오더라도 주자가 함부로 달리는 것은 스퀴즈와 번트 앤드 런의 경우 뿐이다.

보통의 보내기 번트 경우에는 스트라이크에서도 번트를 하지 않을지도 모른다. 주자는 번트의 사인이 나왔더라도 귀루할 수 있을 만큼 리드를 하며, 배트에 볼이 맞아서 밑으로 떨어지는 각도를 확인한 후에 달리는 것이 철칙이다.

터치·업 플레이

페어, 파울에 관계 없이 플라이의 경우에 주자가 진루를 노리는 작전이다. 야수가 포구하는 것을 확인한 후에 달리지 않으면 아웃이 되므로 경솔하게 베이스를 떠나지 말아야 한다.

플라이가 올라간 경우 터치·업과 중간에 멈추는 두 종류의 리드가 있다. 외야의 정위치 부근을 머리 속에 넣어 두고, 그것보다 앞의 플라이는 하프·웨이, 뒤로 날아간 경우에는 터치·업의 태세를 취한다.

야수가 파울을 깊이 쫓아가서 무리한 자세로 포구한 경우는 터치 업·플레이를 할 절호의 찬스다. 틈이 있으면 포구와 동시에 본루로 향한다.

베이스 러닝의 주의 사항

볼에서 눈을 떼지 않는 것이 제일이다. 상황에 따른 러닝을 하기 위해서는 볼이 지금 어디에 있으며, 어디로 전송(轉送)되고 있는가를 알고 있는 것이 중요하다.

아웃·카운트, 타자의 카운트를 머리 속에 넣어 둘 필요도 있다. 예를 들면 2사에서 투 스트라이크 후에는 투구가 스트라이크라고 생각될 때 반드시 달려 나가는 것이 철칙이다.

베이스 러닝의 연습 방법

① 기초적인 베이스 러닝의 연습

야구의 러닝은 단거리를 달리듯이 직선 거리를 그저 빠르게 달리는 것만이 아니다. 항상 낮은 자세로 스타트하고, 달리는 방향은 왼쪽으로 돌 것을 머리 속에 넣고 연습해 주기 바란다. 스타트, 대시, 코너워크 등에 중점을 둔다.

러닝에 도움이 되는 기본 연습의 방법을 들어 보겠다.

① 지면에 누워서 공중에서 러닝 동작을 한다.

② 엎드려 팔 굽히기의 자세에서 양쪽 다리를 번갈아 가면서, 혹은 한 쪽 다리를 연속해서 가슴 부근까지 당겨 붙였다가 또 되돌리는 동작을 되풀이한다.

③ 벽을 이용하거나, 팀 메이트와 짝이 되어 앞으로 굽힌 자세를 유지하면서 넓적다리를 올리는 동작을 되풀이한다.

② 실전적인 베이스 러닝의 연습

베이스 러닝의 실전적인 연습은 배팅 연습과 함께 할 수 있다. 모든 야수가 수비에 임하고, 주자가 1루에 서며, 타자가 또한 내야수의 움직임에 갈팡질팡하지 말아야 한다. 훌륭한 내야수는 외야로부터의 송구가 아직 오지 않은 듯한 자세를 취하다가 갑자기 포구를 해서 터치하러 오는 경우가 있다.

그밖의 주의 사항을 아래에 정리해 둔다.

① 사인을 주의깊게 확인한다.

② 반드시 누에 접촉한다.

③ 자기의 앞을 달려가는 주자의 주력, 자기와의 거리를 단단히 머리 속에 넣어 둔다.

④ 코치의 지시에 따른다.

⑤ 플라이, 라인 드라이브가 날아갔을 경우에는 반드시 한번은 누로 되돌아온다.

타석으로 들어간다. 배팅 연습이 끝난 사람은 그대로 1루로 달려가서 주자가 된다.

투수가 투구하며, 1구째는 히트 앤드 런, 희생번트 등을 상징하여 주자는 스타트 연습을 한다.

2구째에 주자는 2루로 달려가고, 타자는 라이트 방향으로 치며, 그것을 본 주자는 3루까지 달려간다.

이 때 코치는 주자의 스타트, 슬라이딩, 귀루 등을 체크한다.

③ 연습의 요점

① 배팅과 동시에 스타트하는 연습

② 모든 누에서 리드하여 스타트하는 연습

③ 1루를 떠날 때 날카롭게 스타트하는 연습(크로스오버 스텝의 연습)

④ 풀·스윙을 하며, 플로·드루를 하더라도 자세를 무너뜨리지 않고, 곧 스타트할 수 있는 연습

⑤ 세이프티·리드를 확인하여 그것을 크게 하는 연습

⚾ 슬라이딩 ⚾

슬라이딩에는 다음 세 가지의 목적이 있다.
① 계속 달려서 관성이 있는 몸을 재빨리 안전하게 정지시킨다.
② 부상의 방지(슬라이딩을 하지 않으면 야수와 충돌하거나, 급히 멈추기 위해서 근육을 손상시키게 된다).
③ 터치를 피할 수 있다.
　또 주된 슬라이딩의 방법에는 다음의 세 종류가 있다.
① 스트레이트·슬라이딩
② 훅·슬라이딩
③ 헤드·슬라이딩

스트레이트 슬라이딩

미끄러져 들어갈 때 등을 지면에 붙이고, 양손은 만세를 부르듯이 올려서 슬라이딩 한다. 이 슬라이딩은 발이 일직선으로 베이스에 닿기 때문에 아슬아슬하게 아웃이나, 세이프가 될 때 위력을 발휘한다. 상대방의 송구가 베이스 위로 왔을 경우 돌아서 들어가기보다도 밑으로 기어 들어가는 편이 빠르기 때문이다.
　슬라이딩의 제일보로 박차는 발은 축으로 한 발이지만, 베이스에 닿는 발은 자유다. 턱을 죄고, 몸을 위로 향해 눕히고, 양손을 올려서 미끄러져 들어간다.
　이 스트레이트 슬라이딩은 최단거리에서 미끄러질 수 있는 이점이 있으나, 다음의 동작에 시간이 걸리므로 홈에의 슬라이딩에 사용하면 좋을 것이다.

헤드 슬라이딩

문자 그대로 헤드(머리)로부터 미끄러져 들어가는 슬라이딩이다. 리드를 크게 할 수 있어서 가장 빨리 베이스에 도달할 수 있지만 위험성도 있으므로 1루에의 귀루에 적합하다. 1루에의 귀루의 경우에는 1루수가 베이스에 닿아서 견제를 기다리고 있으므로 짓밟힐 위험은 그다지 없다.

자세는 수영의 스타트와 같다. 마음껏 양쪽 발을 박차고, 조금이라도 멀리 뛰어 들어가겠다는 느낌으로 땅을 힘차게 걷어 차고 뛰어 오른다.

훅 슬라이딩

슬라이딩할 때 좌우 어느 쪽이든 다리를 구부리는 방법이다. 악송구의 경우 등 곧 일어나서 다음 누를 노릴 수 있다는 이점이 있다.

오른쪽 다리를 구부리면 일어서서 다시 스타트할 때 동작으로 옮기기 어려우므로 되도록이면 왼쪽 다리를 구부리는 편이 좋을 것이다. 왼쪽 다리라면 다음의 제일보는 오른발이므로 스타트하기가 용이하다.

● 방어를 피하는 베이스·터치

상대방 내야수가 베이스를 빈틈없이 방어하고 있을 경우에는 피해서 돌아 들어가 베이스에 터치한다.

1루 방향에서 2루로 슬라이딩할 경우 유격수 쪽으로 송구가 빗나갔을 때는 왼발로 베이스에 닿고, 외야 방향으로 피한다. 반대로 송구가 2루수 쪽으로 빗나갔을 때는 오른발로 베이스에 닿고, 마운드 방향으로 피한다.

그러나 좌우 어느 쪽의 발이든 자유롭게 슬라이딩하기란 어려운 일이다. 왼발로만 베이스에 닿을 수 있는 사람은 2루수 방향으로 송구가 빗나갔을 경우에는 간단하게 터치되어 버린다.

그 경우에는 유격수 쪽으로 또 하나의 베이스를 상정하여 마찬가지로 슬라이딩 하고 손으로 터치하면 몸은 유격수 쪽으로 피하게 된다.

반대로 오른발로만 베이스에 닿을 수 있는 사람은 외야 방향으로 가공의 베이스를 상정하여 마찬가지로 슬라이딩 한다. 이 경우의 터치는 왼손으로 한다.

〔스트레이트 슬라이딩〕

❶ 양쪽 팔을 뒤로 뻗고, 힘차게 발을 내딛는다.
❷ 등을 지면에 붙여서 미끄러져 들어간다.

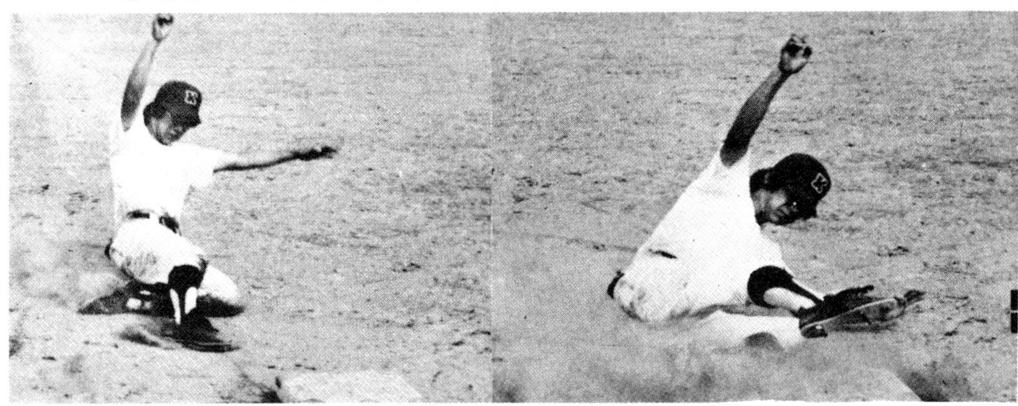

➡ ❶   ❷

〔헤드 슬라이딩〕

❶ 양쪽 팔을 앞쪽으로 뻗어 힘차게 내민다.
❷ 몸을 뻗어서 미끄러져 들어간다.

➡ ❶   ❷

〔훅 슬라이딩〕

❶ 땅을 힘차게 걷어차고 뛰어 오른다.

❷ 미끄러져 들어감과 동시에 왼쪽 다리를 구부린다.

❸ 그대로 미끄러져 들어간다.

❹ 이후에 곧 일어난다.

❶　　　　　　　　❷

❸　　　　　　　　❹

◆ 가공의 베이스를 상정한다
외야쪽으로
유격수쪽으로
손으로 터치
가공의 베이스
진짜 2 루
가공의 베이스

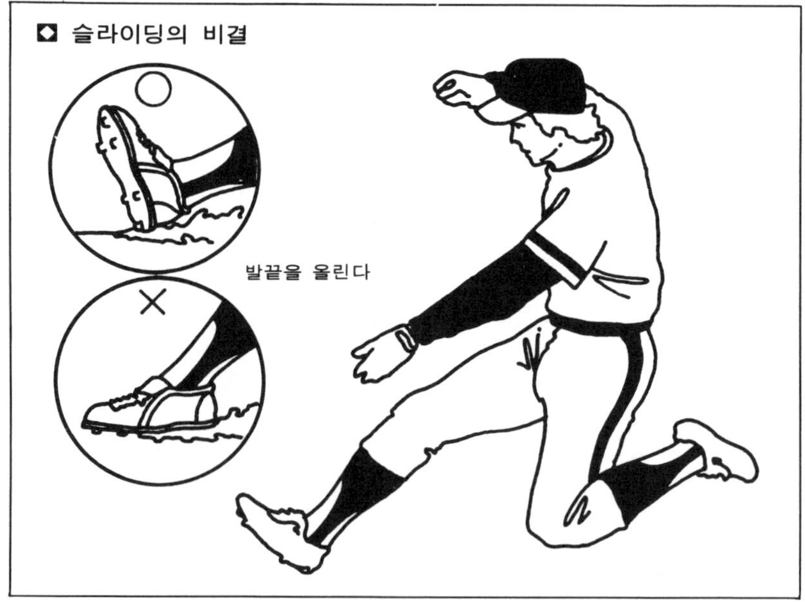
◆ 슬라이딩의 비결
발끝을 올린다
×

슬라이딩의 연습 방법

　슬라이딩에서 가장 일반적인 것은 훅·슬라이딩이다. 연습 방법은 모래밭 등에 베이스를 상정하여 처음에는 그 1m 앞쪽에서 미끄러져 들어감으로써 폼을 굳힌다. 다음에 몇 m 떨어진 곳에서 미끄러져 들어가는 연습을 한다.

　요령을 이해하게 되면 스피드를 내서 원거리에서 미끄러져 들어간다.

　슬라이딩의 목적은 터치를 피하는데 있다. 베이스의 앞쪽에서 두 사람에게 끈을 잡아 달라고 하고 그 밑에 누워서 재빨리 빠져 나가는 형태로 미끄러져 들어가는 것도 하나의 연습 방법이다.

　다음 단계에서는 실제로 투수가 세트·포지션으로부터 축으로 한 발을 떼어서 견제하는 실전적인 연습에 들어가 주기 바란다.

모래밭에서의 연습　　　　　끈을 사용한 연습

 도　루

　도루란 문자 그대로 누를 훔치는 것이다. 도루는 발이 빠른것만으로는 성공하지 못한다. 누 사이는 27m이므로 아무리 발이 빠른 주자라도 포수로부터의 송구 스피드에는 이길 수 없다. 그래서 누를 훔치는 기술이 필요하게 된다. 투수의 모션을 훔쳐 보고, 야수의 터치를 재빨리 피해나가는 기술, 타자와의 팀 플레이 등이 스타트, 스피드, 슬라이딩과 어울려서 도루가 성공된다.

도루의 종류

　도루에는 보통의 스트레이트·스틸과 딜레이드·스틸이 있으며, 별도로 두 사람의 주자가 동시에 하는 더블·스틸이 있다. 이 가운데서 딜레이드란「늦었다」는 뜻으로 다음 누에 커버하러 들어갈 야수가 없다고 생각될 때 포수가 투수에게 되돌려주는 틈을 타서 재빨리 하는 것이다.

　한 사람이 하는 싱글·스틸과 두 사람이 하는 더블·스틸의 상황을 설정해 보면 아래와 같다.

●싱글 스틸

① 1루로부터 2루에의 도루

② 2루에의 딜레이드·스틸

③ 2루로부터 3루에의 스트레이트·스틸과 딜레이드·스틸

④ 타자의 번트 자세에 의해 3루수가 누에서 유인되어 나왔을 때 2루 주자의 3루 도루

⑤ 단독 홈·스틸

●더블·스틸

① 1루 주자와 2루 주자에 의한 스트레이트·스틸

② 1루 주자와 3루 주자에 의한 스트레이트·스틸

③ 포수의 팔이 투수에게 반구하기 위해서 올라감과 동시에 1루 주

자가 스타트하는 딜레이드·스틸. 포수가 2루로 던지면 3루 주자
는 본루로 돌입한다.

④ 1·3루의 주자가 동시에 하는 딜레이드·스틸

도루가 숙달되는 비결과 포인트

●**투수의 모선을 훔쳐 보는 비결 1** —— 세트·포지션의　크기에　관
해서

　먼저 투수의 세트·포지션의 폼이 큰가, 작은가에 주목한다. 이것
을 살펴 보기 위해서는 빠르게 견제구를 던져보게 한다. 세트·포지
션이 크면 리드를 그만큼 크게 할 수 있다.

●**투수의 모선을 훔쳐 보는 비결 2** —— 어깨의 움직임에 관해서

　다음에 투수의 어깨, 그것도 주로 잘 쓰는 쪽의 팔과 반대쪽 어
깨의 움직임에 주목한다.

　예를 들어 우완투수의 경우 왼쪽 어깨를 벌려서 1루 벤치 방향
으로 향하는 버릇이 있는 투수는 던질 때 일단 왼쪽 어깨를 타자쪽
으로 향하지 않으면 투구 동작에 들어갈 수 없다. 따라서 투수의 왼

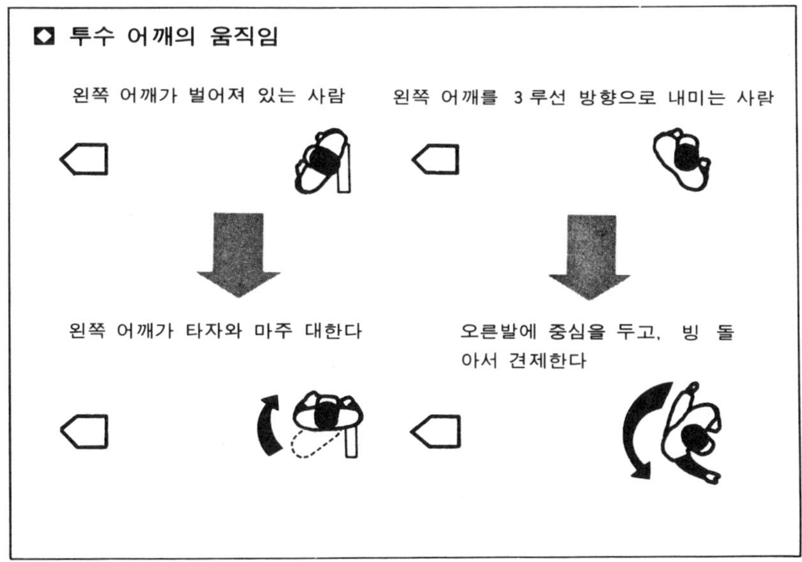

〔도루〕──── 1 루로부터 2 루에

❶ 투·웨이 리드
❷ 스타트
❸ 단거리를 달리는 요령으로 전력을 다하여 달린다.
❹ 미끄러져 들어가기 위해 땅을 힘차게 걷어 차고 뛰어 오를 준비

❸　　　　　　　　　　　　　　　　　　❷

❻　　　　　　　　　　　　　　　　　　❺

를 한다.

❺ 송구가 올 지점을 확인하여 발을 힘차게 내딛는다.

❻ 터치를 피하면서 미끄러져 들어간다.

❶

❹

쪽 어깨가 타자 방향으로 마주 대하는 움직임을 시작하면 달려 나가도 좋다.

반대로 우완투수로서 왼쪽 어깨를 3루선 방향으로 내밀듯이 클로즈드하게 자세를 취하는 투수는 중심을 오른발에 두고, 빙 돌아서 견제해 온다. 따라서 중심이 왼발에 옮겨지면 견제할 수 없으므로 크게 리드해도 좋다.

일반적으로 투수가 홈으로 향해서 투구할 때는 반드시 어디엔가 움직이기 시작하는 데가 있다. 그 포인트를 포착하면 모션을 훔쳐 볼 수 있다.

● 터치를 재빨리 빠져 나가는 비결

주자가 다음 누로 미끄러져 들어가려고 할 때는 야수가 터치하려고 하는 반대쪽으로 미끄러져 들어가야 한다. 그러기 위해서 송구 방향을 알려면 터치하려고 하는 야수의 눈을 보면 안다. 송구가 오는 방향으로 시선이 가 있으므로 그것으로 판단한다.

야수의 눈 움직임이 라이트 방향으로 향해져 있는데, 베이스의 바깥쪽(라이트 방향)으로 미끄러지면 상대방의 터치를 돕는 것이 되어버린다.

터치를 빠져 나간다

Part❻
팀 플레이

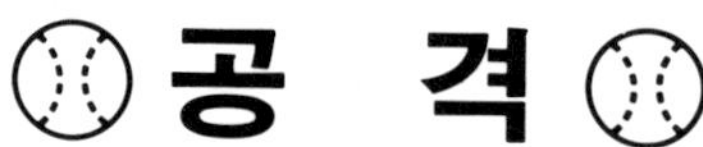 공 격

야구는 단체 경기다. 뛰어난 한 사람의 플레이어 때문에 이길 수 있는 것은 아니다. 타석에 들어가는 것은 한 사람이더라도 다음 타자, 주자와의 제휴로써 효율있게 공격함으로써 승리가 생겨난다.

예를 들면 희생번트로 주자를 스코어링·포지션으로 나아가게 하고 다음 타자의 2루 땅볼로 3루까지 나아가게 하여 외야 플라이를 올리면 무안타로도 1점을 딸 수 있다.

야구는 득점에 의해서 승패를 결정하는 것이지 팀 타율의 우열로 결정하는 것은 아니다.

주자가 없을 때의 팀 플레이

첫째로 생각할 것은 출루(出壘)하는 것이다. 또한 결과가 범타(凡打)로 끝나더라도 투수로 하여금 많이 던지도록 한다.

상대방 투수의 피로를 유발할 뿐만 아니라, 투구를 분석하는 뜻도 있다. 투구 동작을 체크하여 스피드, 구종, 결정타 등을 각방면에서 분석한다. 그 때문에 매회 첫 타석에 서는 타자는 빨리 치지 않도록 유의해야 한다.

또한 번트 자세를 보여 상대방의 수비 형태를 탐색하는 것도 공격을 위한 불가결한 전술이다.

주자가 있을 때의 팀 플레이

주자는 귀중한 득점원이므로 모든 수단을 사용하여 다음 누로 진루하도록 하는 것이 팀 플레이다.

● 느린 발이라도 세이프가 되는 도루에서의 팀 플레이

주자가 스타트했을 때 타자는 딜레이드 스윙(보통으로 치는 타이밍보다 한 호흡 늦게 하여 헛친다)을 하면 포수의 송구를 방해해서 도루를 도와주게 된다.

● **히트 · 앤드 · 런은 히트가 아니라, 땅볼을 칠 것**

히트 · 앤드 · 런은 주자를 3루로 보내는 것이 큰 목적이지만, 근대 야구에서는 병살(併殺)을 방지하는 전법으로서도 중요시 된다. 그러기 위해서도 타자는 절대로 땅볼을 쳐야 한다.

1루 주자는 먼저 단독 도루를 하는 체하여 2루를 커버하기 위해 2루수와 유격수 어느 쪽이 들어가는가를 확인한다. 타자는 그것을 보고 그 빈 방향으로 땅볼을 친다.

종래에는 「주자의 뒤쪽으로 쳐라」고들 말했지만, 유격수가 2루 커버로 들어갈 때는 3루 · 유격수 사이로 치는 편이 성공률도 높아진다.

● **번트 · 앤드 · 런에서는 3루선으로 굴린다**

히트 · 앤드 · 런과 같은 작전으로 타자가 보통으로 치고 나가는 것이 아니라, 번트하는 것이 차이점이다.

타자가 3루선으로 번트하여 번트 처리를 하러 3루수가 나간 사이 비어 있는 3루를 1루 주자가 노린다.

● **팀 플레이로 보내기 번트**

보내기 번트는 그것이 팀 플레이이지만, 그저 굴려서 주자를 나아가게 한다면 고등 전술이라 할 수 없다.

번트 자세만을 취해 상대방의 수비 형태를 조사하거나, 번트 자세

히트 · 앤드 · 런에서의 배팅

에서 강타하는 등의 작전이 있다.

● 2루 주자는 타자에게 공의 코스를 가르쳐 주자

2루 주자가 되면 포수의 사인을 볼 수 있다. 구종까지는 이해하지 못하더라도 던진 공의 코스는 알 수 있을 것이다. 타자와의 사이에 사인을 결정해 두고, 투구의 코스를 알려 준다.

● 스퀴즈에서는 투구되는 순간에 주자와 타자가 움직인다

스퀴즈의 경우에는 특히 주자와 타자와의 긴밀한 사인에 의한 팀·플레이가 요구된다. 타자가 지나치게 빨리 자세를 취하거나, 주자가 한 순간 빨리 뛰어 나가면 피치드·아웃되어 절호의 찬스를 놓친다. 투수가 투구 동작에 들어가 볼을 놓는 순간이 승부를 결정하는 순간이다.

● 주자끼리 더블·플레이 시프트를 깨뜨린다

가장 효율이 나쁜 공격은 병살타를 치는 것이다. 모처럼 주자가 나오더라도 일순간에 체인지 되어버린다. 이 더블 플레이를 방지하기 위해서는 주자 사이의 팀워크가 중요하다.

1사 1·3루의 경우를 생각해 보자. 상대방의 수비는 더블·플레이 시프트다. 이때 타자가 2루 앞 땅볼을 치고 주자가 평범하게 달려가면 병살이 되어버린다.

이 2루수 앞 땅볼을 2루수가 1루 주자의 주로(走路)에서 포구했다면 1루 주자는 2루로 뛰어 들어가는 것이 아니라, 거기에서 스톱해버린다. 그리고 그때 3루 주자가 맹렬히 홈으로 향하게 된다. 당황한 2루수가 본루로 송구하면 이 작전은 성공이다. 3루 주자가 3루·본루 사이에 끼여 있는 동안 1루 주자가 3루로, 타자 주자는 2루로 나아간다.

수비측은 냉정하게 「4-6-3」으로 전송하면 되지만, 1·3루의 주자의 움직임에 의해 갈팡질팡하게 되어 본 헤드로 되어버리는 것이다.

⚾ 디펜스 ⚾

　디펜스로서의 팀 플레이는 지키고 있는 전야수가 각각의 역할에 따라 서로 제휴하면서 효율 있게 움직여 상대의 공격을 최소한으로 저지하는 것이다.
　그러기 위해서는 베이스 커버, 백업, 커트·오프, 사인의 교환 등이 자연스럽게 되도록 철저한 반복 연습이 필요하다.

디펜스의 기본

●커버와 백업

　커버란 야수가 송구를 받기 위해서 누로 들어가는 것이다. 백업이란 직접 플레이를 하고 있는 야수, 또는 이제부터 하려고 하는 야수의 뒤에서 미스를 최소한으로 방지하려는 것이다.

●커트·오프와 릴레이

　커트·오프란 어떤 야수(커트·맨)가 송구 코스의 안으로 들어가 송구를 도중에서 커트하여 다른 주자를 아웃시키거나, 견제하는 것이다. 커트·맨에게는 별도로 송구의 목표가 되는 역할도 있다. 양손을 뻗어서 되도록이면 커다란 목표를 만들며 송구의 타이밍이 맞

커버와 백업

을 것이라고 판단될 때는 커트하지 않고 몸을 피한다.

릴레이란 송구를 중계하는 것이다. 장타를 친 경우에 다른 외야
수나 내야수가 릴레이로 들어가 볼을 받으면 재빨리 송구한다.

● 사 인

공격측의 전법을 간파하여 순간적으로 핀치를 벗어나거나, 혹은
수비 태세를 간파하여 의표를 찌르려는 상대의 공격에 대비하는 것
도 각 선수와 벤치와의 사인 플레이에 의한다. 벤치로부터의 사인
뿐만 아니라, 내야수로부터 외야수에게, 포수로부터 유격수를 통해
서 외야수에게 중계하는 등 다채로운 사인 플레이에 의해 완벽한
수비가 가능하게 된다.

디펜스의 형태

● 무사 주자 1루에서의 번트 시프트

무사에 1루 주자가 나간 경우의 번트 시프트에는 다음의 두 종
류가 있다.

① 1루수가 베이스에 닿고, 2루수가 대시한다.

확실하게 번트가 예상될 때의 시프트다. 그러나 근대 야구에서는
번트로 가장하여 강타하는 경우가 많아서 사용되는 빈도도 적어졌다.

2루수는 투수와 1루수를 연결하는 선상으로 들어가 투구와 동
시에 대시하여 타자에게 심리적인 압박을 준다.

② 3루수, 투수, 1루수가 대시하고, 유격수는 2루, 2루수는 1
루를 커버한다.

번트와 강타 양쪽에 대비한 시프트다. 2루수와 유격수는 번트되
기까지는 강타에 대비해서 지키고, 번트된 후에 커버하기 위해 움
직인다. 중견수는 2루 악송구에 대비해서 유격수를 백업하고, 우익
수는 1루 뒷쪽으로 이동하여 2루수를 백업한다. 좌익수는 유격수
의 정위치까지 대시하여 2·3루 사이의 협살 플레이에 대비한다.

이 시프트에서는 2루수와 포수의 사인 플레이에 의해 1루 주자
를 픽 오프 플레이(꾀어 내기 작전)로 아웃시킬 작전도 생각해 둔
다.

◆ 무사 주자 1루에서의 번트 시프트

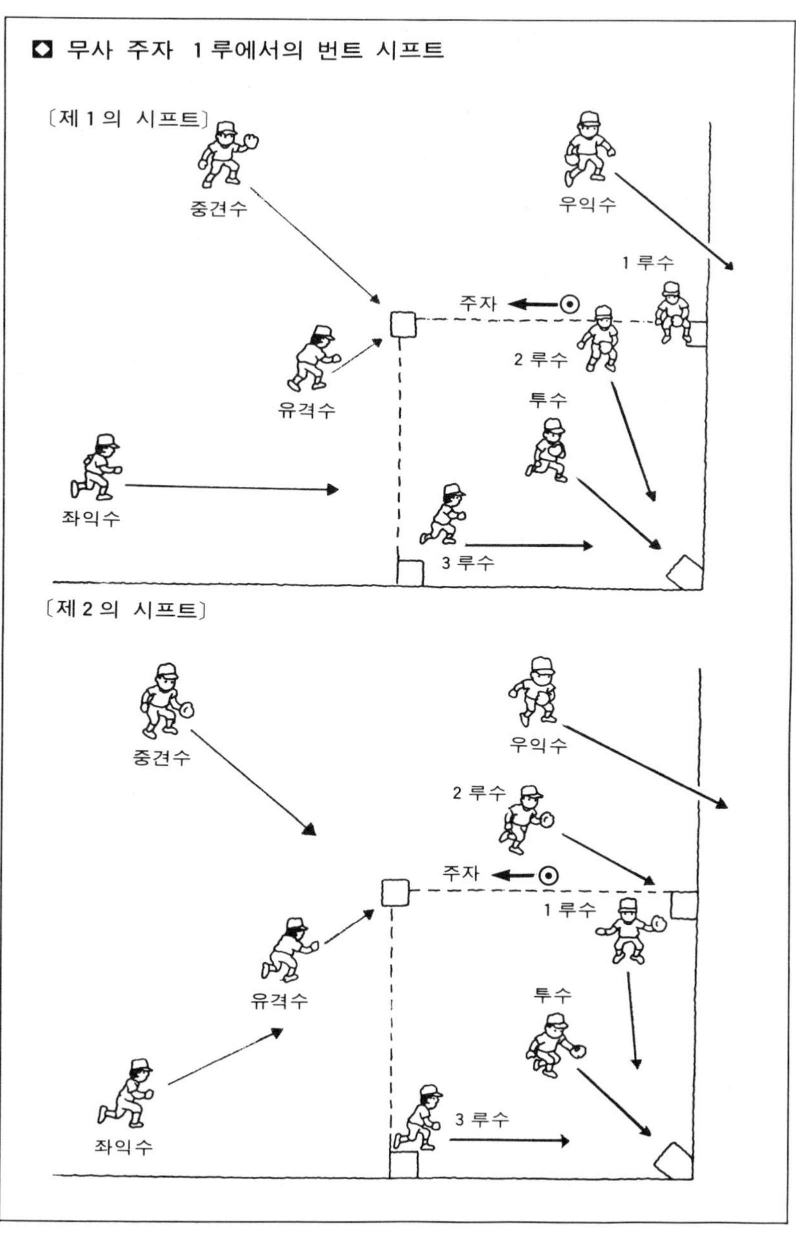

● 무사 1·2 루에서의 번트 시프트

① 일반적인 방법

　무사 1·2루의 경우에는 번트시도의 확률이 대단히 높아진다. 이 경우 어려운 것은 3루수의 움직임이다. 투수는 투구를 끝냄과 동시에 3루 방향으로 대시하고, 1루수는 직선적으로 대시한다.

　유격수와 2루수는 이제까지의 번트 시프트와 같은 움직임이지만, 3루수는 대시할 수 없다. 베이스보다 1·2보 앞에 있어서 투수가 잡을 수 없는 강한 번트 때에만 전진하여 처리한다.

② 변칙 시프트 1

　주자 1루의 번트 시프트를 1·2루에서 활용하는 방법이다. 3루에서 아웃시킬 것을 단념하고, 2루에서 1루 주자를 터치 아웃시킨다(2점 정도 리드했을 때의 경기 후반에 사용한다). 1점은 주더라도 2점은 주지 않기 위해서 2루에서 터치 아웃시키는 것인데, 일반적으로 1루 주자는 송구가 3루로 갈 것이라고 생각하고 있으므로 전력 질주를 게을리하는 그 심리적인 역을 찌르는 것이다. 이

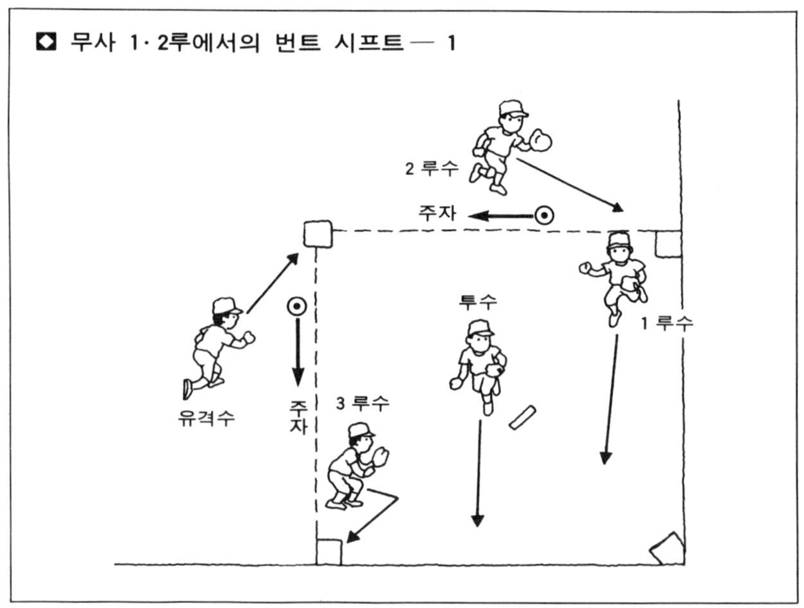

◆ 무사 1·2루에서의 번트 시프트 — 2

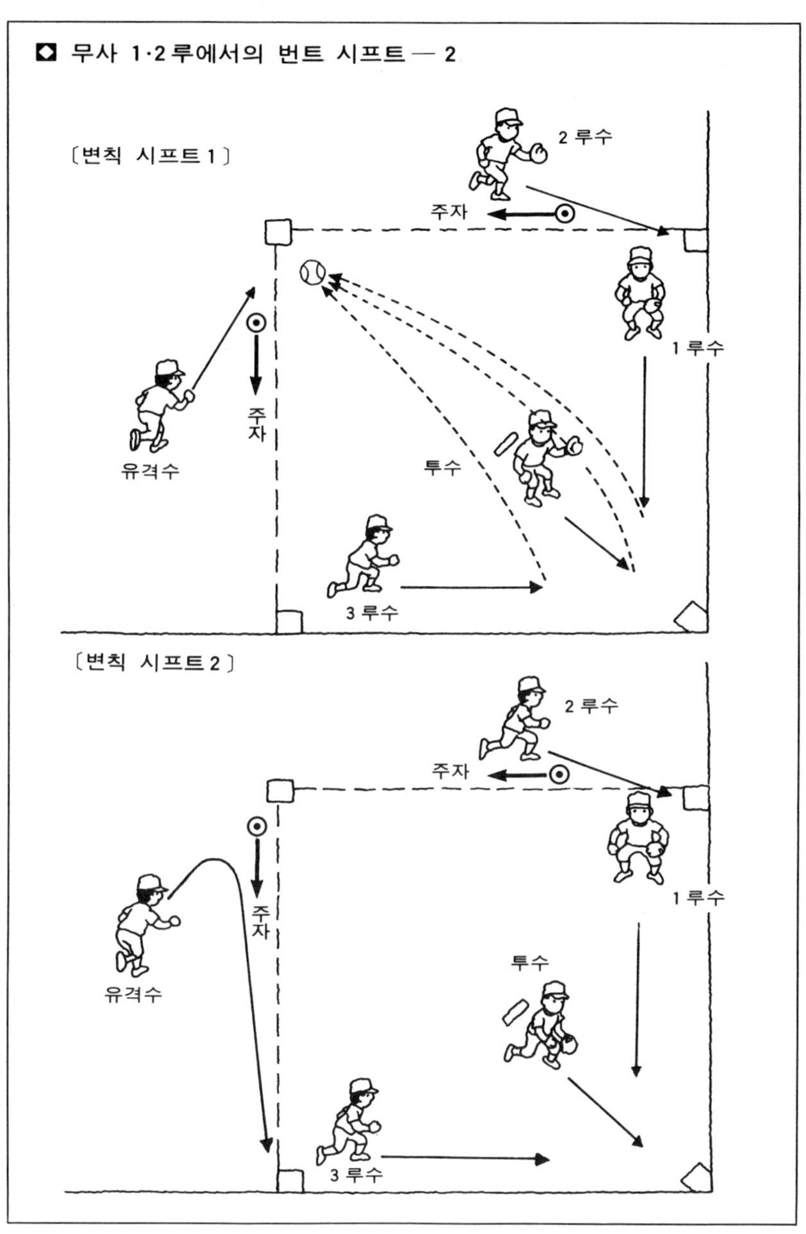

경우에는 미리 포수의 사인으로 시프트를 결정해 둔다.

③ 변칙 시프트 2

　최근 고교야구에서도 사용하는 시프트다. 유격수는 2루주자를 견제한 후에 3루로 달려간다. 투수, 3루수, 1루수가 맹렬히 대시하여 텅 빈 3루에는 유격수가 들어간다는 것이다.

　이 시프트에서는 유격수의 움직임이 매우 중요하다. 투수가 세트·포지션에 들어가면 유격수는 2루 베이스에 견제하러 들어가는 동작을 하며, 주자의 체중 이동이 2루 베이스쪽으로 옮겨 간 후에 3루로 달려 나간다.

　투수는 반드시 스트라이크를 던져서 번트를 시키지 않으면 안된다. 강타해 오면 막을 수 없기 때문이다.

● **우중간으로 타구가 날아간 경우**

　우중간으로 타구가 날아간 경우 이것을 쫓는 것은 우익수와 중견수이지만 포구하여 송구하는 것은 오른손으로 던지는 사람들끼리라면 우익수다(중견수라면 몸을 일회전시켜야 한다).

　이제까지는 외야수가 전력으로 쫓아가 무리한 자세에서 큰 모션으로 2루까지 멀리 던지고, 이것을 2루수가 잡아 3루에 전송했다. 그러나 이렇게 해서는 불리한 자세에서 큰 모션으로 던지기 위해 시간이 걸리므로 간단하게 진루를 허용하게 되었다.

　그래서 포구한 외야수가 내야수처럼 작은 모션으로 가까이 와 있는 커트 맨에게 송구하면 재빨리, 그리고 정확하게 3루로 릴레이할 수 있다.

　다시 말해서 2루수가 외야까지 가서 커트·맨이 되며, 유격수는 외야로부터의 악송구에 대비해서 백업하고, 1루수는 타자 주자가 1루를 밟았는지의 여부를 확인한 후에 2루 커버로 들어간다. 좌익수와 투수는 3루 뒤쪽에서 악송구에 대비한다. 포수만은 움직이지 않고, 본루를 지킨다.

　이 플레이를 3루 코처즈·박스에서 보면 8명의 선수가 일직선상에 늘어 선 형태로 된다.

● **좌중간으로 타구가 날아간 경우**

　타구가 좌중간으로 빠져 나간 경우에 쫓아가는 것은 좌익수와 중견수다. 유격수가 커트·맨으로서 달려가고,　2루수는 외야수로부터 유격수에의 송구가 빗나간 경우의 백업으로 들어가며, 투수는 유격수로부터 3루에의 악송구에 대비한다.
　이 팀 플레이에서 관계가 없는 것은 1루수와 우익수다. 1루수는 타자주자가 1루를 밟았는가, 아닌가를 확인하여 2루 커버에 들어간다.

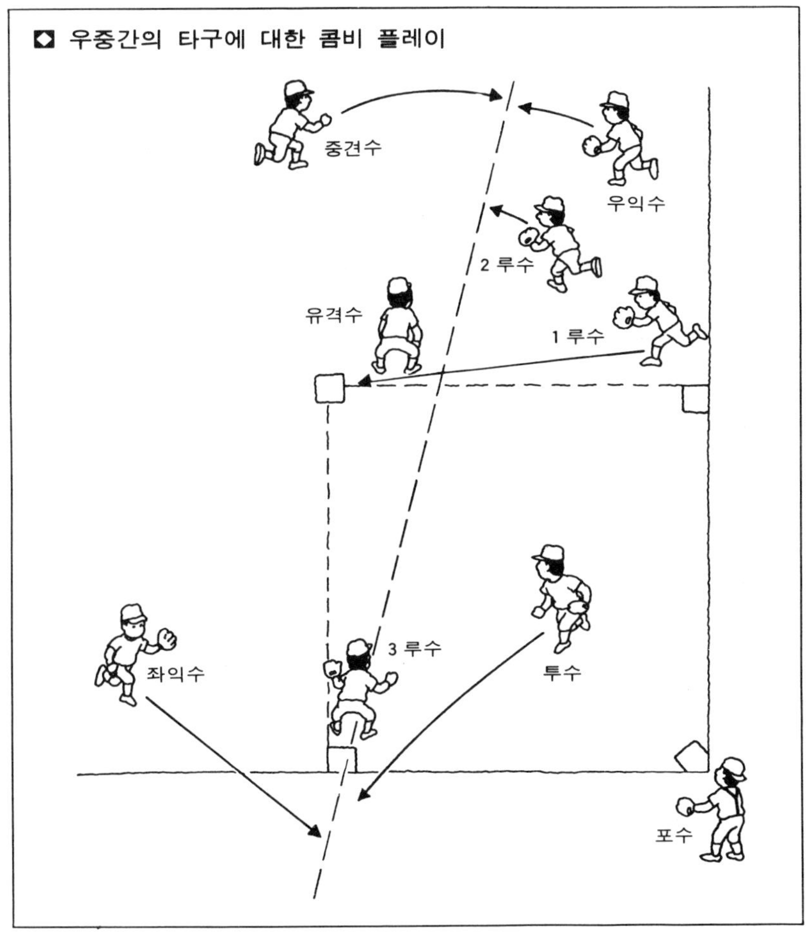

  이와 같이 좌중간으로 타구가 날아간 경우에는 6명의 야수가 늘어 서게 된다.

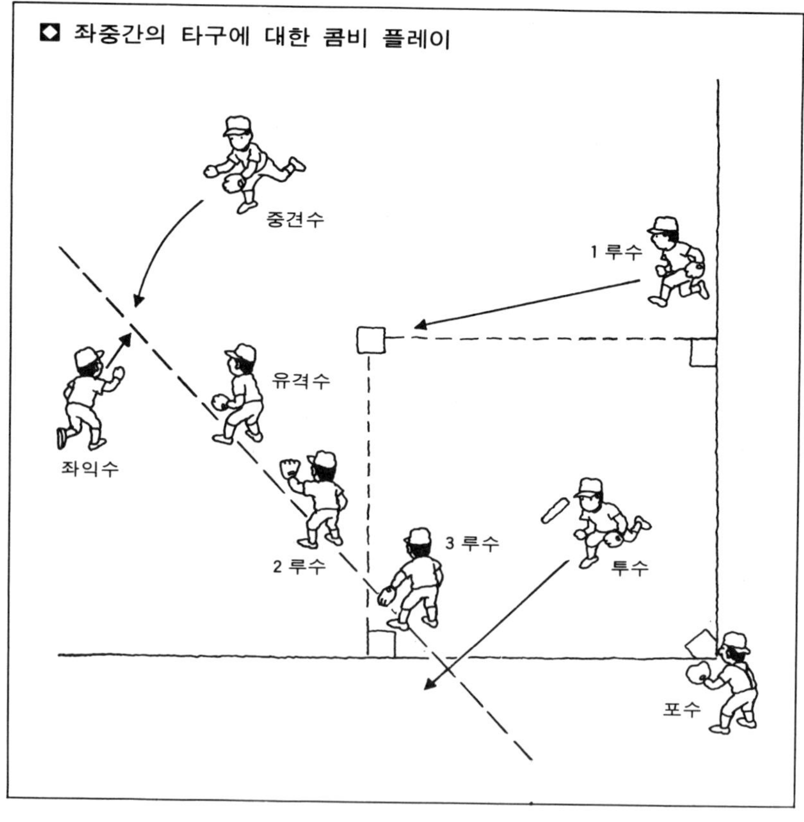

Part ❼
연습 방법과 감독의 지휘

⚾ 트레이닝 ⚾

트레이닝의 목적은 경기를 위한 연습에 견딜 수 있도록 육체를 단련하는 것이다. 기초 체력이 길러져서 비로소 연습이 익혀지고, 익힌 연습의 성과가 게임에 발휘되는 것이다. 갑자기 배트를 휘둘러 보더라도 그것은 토대가 없는 곳에 집을 짓는 것과 같다.

게임이 가까와지면 실전적인 연습에 들어가므로 시즌·오프는 물론이고, 게임이 없는 때라도 항상 트레이닝에 힘써서 기초체력을 양성, 유지해 주기 바란다.

러 닝

● 내구력 양성을 위한 장거리 러닝

트레이닝의 제 1 보는 먼저 달리기로부터 시작된다. 달림으로써 각력, 내구력이 생기고, 격렬한 운동에 불가결한 호흡·순환기 기능의 발달을 촉진시킨다.

야구는 9회의 아주 긴 공방전이며, 연전이라는 것도 있으므로 먼저 지구력을 길러야 할 필요가 있다. 그것도 그저 먼 거리를 지루

이상적인 러닝 폼

하게 달려서는 효과가 없으므로 거리를 정해 놓고 타임을 잡는다든 가, 타임을 결정해서 거리를 측정하는 방법으로(예를 들면 15분에 몇 km 달릴 수 있는가?) 체력의 한계에 도전하는 기분으로 달리는 것이다. 테마를 결정해서(팔의 휘두르기, 호흡기의 강화, 발목의 강화 등) 달리는 것도 좋을 것이다.

전력 질주의 부분과 여유를 가지고 달리는 부분을 짜 넣거나, 기복이 풍부한 코스를 선택하는 것도 러닝에 재미가 있을 뿐만 아니라, 몸 전체의 강화에도 좋을 것이다.

장거리 러닝의 경우는 아스팔트처럼 단단한 도로는 충격이 강하여 무릎의 관절을 손상시키므로 피해야 한다.

경우에 따라서는 무거운 신발을 신거나 사람을 업고 달리거나, 타이어에 끈을 묶어서 끌고 달리는 등 여러 가지 궁리를 해보는 일이 중요하다.

● 스피드 양성을 위한 단거리 러닝

야구에서는 육상경기의 단거리와는 달리 누간 27 m의 네 변을 왼쪽으로 돌아가므로 대시력을 길러야 한다. 20~30 m의 거리를 단숨에 대시하는 트레이닝을 반복하도록 한다. 발을 높게 올려서 달리는 것이 아니라 낮은 자세에서 언제라도 U자형으로 돌 수 있도록 달리는 방법을 익힌다.

유연 체조

● 복근 · 배근 · 팔의 강화

달리는 것이 끝나면 유연 체조로 몸을 푼다. 중점적으로 복근, 배근의 강화를 목표로 한다.

이 밖에 완력을 단련하기 위해서는 엎드려 팔굽히기도 중요하다. 지면에 손을 붙여서 할 뿐만 아니라 전화 번호부 3권 정도의 벽을 쌓고 그 사이에 몸을 가라앉히는 방법을 취하면 보다 효과적이다.

● 도약 운동

양 다리를 벌린 채로 점프를 되풀이한다. 앞쪽이나, 뒤쪽으로 뛰거나, 발을 교차시키는 점프도 짜 넣는다. 발목, 무릎, 허리의 관절

등을 유연하게 하는 체조다.

● **어깨의 유연 체조**

　주로 잘 쓰는 쪽의 팔을 전후, 상하로 원을 그리듯이 휘두른다. 특히 투수에게 있어서는 어깨를 푸는데 효과가 있다.

● **상체의 체조**

　양쪽 발을 벌리고, 상체를 구부려서 원을 그리듯이 회전시킨다.

　또 하나의 방법은 무릎을 굽히지 않고, 똑바로 서서 상체를 구부려서 양손을 지면에 붙인다. 다리를 뻗을 뿐만 아니라, 상체의 앞면과 뒷면, 양측면을 강화시킨다.

● **허리 관절의 유연 체조**

　그라운드에 다리를 뻗은 자세로 앉아서 손을 뻗어 발끝에 대고, 또 원래의 자세로 되돌아간다. 허리의 커다란 근육군을 유연하게 하여 러닝이나 발을 힘껏 내딛는데 효과가 있다.

● **다리의 강화**

　양쪽 다리를 가지런히 하여 양손을 머리 뒤에 끼고, 천천히 무릎을 굽혀 발뒤꿈치 위에 앉는 자세에서 천천히 무릎을 뻗는다. 그후에 허리를 내린 자세로「오리 걸음」의 운동으로 옮겨 간다. 넓적다리, 장딴지가 강화된다.

기민성의 양성

　각종 트레이닝에 의해 몸이 완성되면 기민성을 양성하는 트레이닝으로 옮겨 간다. 야구에서는 볼 한 개분의 판단 차이에 의해서 승리와 패배가 판가름나므로 몸이 조건 반사적으로 움직일 때까지 단련해야 한다.

　기민성을 양성하는 트레이닝 방법으로는 스타트 대시의 반복, 전력 질주 도중에서의 방향 전환, 혹은 천천히 스타트하여 전력 질주로 옮겨가다 최후에 또 천천히 달리는 방법, 호각 소리에 의해서 대시의 방향을 바꾸는 등의 방법이 있다.

　요는 이러한 트레이닝을 쌓음으로써 어떠한 볼에 대해서도 기민하게 대응할 수 있는 반사신경을 기르는 것이다.

복근 운동

매는 운동

엎드려 팔 굽히기

다리 벌려서 점프

발을 교차시켜서 다리벌려 점프

어깨와 팔을 푼다

상체 체조

허리 관절 체조

다리의 강화

⚾ 실전 연습 ⚾

　기초 체력이 양성되면 드디어 실전연습에 들어가게 되는데, 그 전
에 그라운드가 정비되어 있는가의 점검이 중요하다.
　정비되어 있지 않은 그라운드에서는 볼이 불규칙바운드를 하거나,
움푹 들어간 곳에 발이 빠져 관절을 삐거나 하는 경우가 있다. 그라
운드가 건조하면 충분히 물을 뿌려 먼지가 일어나지 않게 하고, 질
퍽거리는 곳에는 모래를 뿌려서 그라운드를 정비, 점검한 후에 연습
에 들어가도록 해주기 바란다.

캐치볼은 수비의 기본

● 바르게 던진다

　캐치 볼은 어깨를 강하게 하는 것보다도 정확한 송구와 포구, 경
쾌한 풋워크를 익히기 위한 기본 연습이다. 또한 자기 본위의 야구
가 아니라, 팀 플레이를 기본으로 한 야구를 하기 위해서도 커다란
의미를 가지고 있다.
　상대방이 가장 잡기 쉽도록 가슴 부근에 정확한 송구를 하는 것
이 수비에 있어서의 팀 플레이의 기본이기 때문이다.
　캐치 볼에서는 빠른 볼을 던질 필요가 없다. 움직이기 시작한다는

캐치 볼

의미에서 어깨를 따뜻하게 하는 것도 목적의 하나이므로 천천히 정확하게 던지도록 유의해 주기 바란다. 내야수의 경우는 오버핸드, 사이드 핸드의 던지는 방법을 섞어서 연습해도 좋을 것이다.

포구 때에는 이미 하반신이 송구 태세에 들어가 있어서 포구와 동시에 허리를 비틀고, 팔을 부드럽게 하여 송구한다.

● 바르게 받는다

포구의 기본은 볼을 몸의 한가운데서 양손으로 받아야 한다. 이러기 위해서는 전후 좌우 어느 방향으로도 몸을 정면으로 움직일 수 있도록 하는 풋워크의 연습도 캐치 볼 때의 중요한 과제다.

포구 때에는 볼이 글러브에서 튀어 나오지 않도록 단단하게 양손으로 조금 글러브를 당기는 듯한 기미로 잡도록 한다.

폼의 점검

● 투 수

맨 처음부터 빠른 볼을 던지려고 하면 목적이 던지는 것에 집중되어 폼을 점검할 여유가 없다. 볼을 갖지 않고, 새도우 피칭을 정성껏 되풀이해 주기 바란다.

폼의 각 부분을 엄밀하게 체크한다.

● 타 자

타자의 경우는 배트 스윙과 티·배팅을 되풀이함으로써 폼을 점

섀도우 피칭

검 한다. 투수와 마찬가지로 갑자기 프리배팅을 하면 목적이 치는 것에 집중되어 폼을 점검할 여유가 생겨나지 않는다.

노크 연습

내야수비 연습은 노크를 받는 일로부터 시작한다. 노크의 주역은 노커가 아니라, 어디까지나 수비 연습을 하는 쪽에 있다는 것을 먼저 인식해 주기 바란다.

단순히 노커가 치는 볼을 막연하게 포구만 해서는 숙달되지 않는다. 처음에는 정면 땅볼에 대하여, 다음에는 좌우 땅볼에 대하여 또한 쇼트·바운드, 약한 땅볼, 플라이 등으로 각각 경기 중에 예상되는 모든 타구에 대한 포구의 상태를 생각해서 노크를 받아야 한다.

처음에는 이렇게 하여 테마를 머리 속에 그려서 노크를 받고, 다음 단계에서는 예측되지 않는 상태에서의 노크를 받도록 한다.

일반적으로 말하고 있는 천 개의 노크는 이 단계를 말하며, 머리로 알게 된 것을 몸으로 반응할 수 있기까지 수없이 많이 연습해 보도록 한다. 아무래도 잡을 수 없을 것 같은 좌우 땅볼에 대해서도 맹렬한 노크를 자진해서 받으면 조건반사적으로 내미는 글러브에 쑥 들어가게 된다.

배팅 연습

● **배트의 중심에 볼을 맞춰 가볍게 스윙한다**

티·배팅이나, 토스·배팅에 의해 바른 배트의 휘두르기나, 미트 포인트를 포착한 후에 이번에는 야수에게 던져 달라고 하여 가볍게 스윙하는 연습에 들어간다.

이 경우 자세, 스탠스, 스텝, 플로·드루에 이르기까지 정확한 폼으로 스윙한다.

정확한 스윙을 하도록 유의하면 야수로부터 투구되는 볼이 느리기 때문에 스무드하게 배트를 내밀 수 있다. 가볍게 쳐도 볼의 거리가 늘어나는 것은 팔과 어깨에 쓸데 없는 힘이 들어가지 않고, 하반신의 힘으로 배트를 스윙할 수 있기 때문이다.

이 경우 투구하는 야수에게 똑바로 쳐 보내는 것이 원칙이다. 치기 좋은 볼이 아니더라도 배트의 중심에 맞히도록 하여 모든 케이스에 대비하는 연습을 한다.

● **프리배팅으로 전체적인 마무리를 한다**

프리배팅은 바른 배팅 폼을 확인하는 전체적인 마무리의 연습이다.

정규의 타석에 들어가서 마운드에 위치하는 배팅 피처의 볼에 대해서 내·외각은 좌우로, 한 가운데는 센터로 거역하지 않고 쳐 보내도록 하여 자기의 배팅 폼을 확인한다.

경기 당일의 프리 배팅 시간은 한정되어 있으므로 경기일까지의 연습에서 충분히 쳐야 한다. 이 경우에도 테마를 결정하여 속구를 주로, 변화구를 주로, 혹은 낮은, 높은 볼 등으로 납득이 갈때까지 연습한다.

번트의 연습

「번트를 잘하고 못하는 것이 그 팀의 힘을 재는 표준이 된다」고도 말하고 있을 정도로 번트는 중요하다. 번트는 100% 성공하도록 연습을 쌓기 바란다.

프리 배팅

특히 토너먼트전에서는 불확실한 홈런을 기대하기보다는 확실하게 주자를 보내는 것이 승리의 지름길이 된다.

양 무릎을 유연하게 하고 어떠한 볼에 대해서도 번트할 수 있는 자세로 볼을 기다린다. 어떤 번트의 명수는 타석의 앞쪽 몇 m 되는 곳에 원을 그리고 백발 백중 그 원 안에 굴려 넣을 수 있기까지 연습을 계속했다고 한다.

모든 볼에 대해서 정확하게 번트할 수 있도록 연습해 주기 바란다.

카운트를 정한 배팅 연습

연습 시간이 한정되어 있을 경우의 합리적인 연습 방법이다. 보통으로는 0 — 0 으로부터 시작하는 배터 카운트를 미리 정한 상태에서 연습한다.

두 팀으로 나누어 할 수도 있으며, 수효가 미달될 경우에는 9명이 수비에 임하고, 나머지 한 사람이 차례로 타석에 들어간다. 아웃이 되거나 홈으로 생환하면 야수와 교대한다.

이 연습에서는 득점이 관계 없다. 긴박한 상황에서의 실전적인 배팅 연습이 목적이다(물론 수비 연습도 된다).

● **원 앤드 투(1-2) 배팅**

타자의 카운트를 1-2에서 시작한다. 게임 진행이 빨라서 타자가 타석에 들어가는 회수가 많아진다.

타자도 투수도 몰리는 상태에서의 연습이므로 퍽 합리적이며, 실전적인 연습이 된다.

● **투 앤드 드리(2-3) 배팅**

원 앤드 투 배팅으로부터 다시 긴박한 상태에서 경기를 시작하는 연습 방법이다. 타자가 칠 수 있는 볼은 일구 밖에 없다. 다만 투수가 볼을 던진 경우에는 카운트를 그대로 해 두고 스트라이크나, 헛치게 되면 다음 타자와 교대한다.

이 연습 방법에서는 타자도 투수도 항상 진지한 승부의 상태이므로 일구라도 소홀히 할 수 없다.

청백전

청백전은 연습의 전체적인 마무리를 실전 형태로 하는 것이다. 목적은 승부에 있는 것이 아니라, 이제까지의 연습 가운데서 신경을 쓰지 못했던 결점을 교정하고, 장점을 늘리는 데에 있다.

처음에는 선수 개인의 플레이를 체크할 것을 염두에 두고, 게임을 진행한다. 미스나 평범한 플레이가 있으면 일단 게임을 중단하고 그 자리에서 서로 주의하도록 한다.

타자로부터 본 아군의 수비, 수비측(투수를 포함해서)에서 본 아군의 공격력의 장점, 결점을 각각 서로 지적함으로써 그때까지 자기로서는 알아차릴 수 없었던 점을 체크할 수 있다.

제2단계로서 한 걸음 더 나아가 팀 플레이, 사인 플레이의 체크를 위한 청백전을 한다. 아군의 사인이 상대방에게 간파되지 않았는가, 혹은 콤비 플레이에서의 각 야수의 움직임이 바른가 등을 체크한다. 미리 점수 차이를 결정해 두고, 추격하는 측과 추격당하는 측의 공방 연습 등도 좋을 것이다.

이와 같이 청백전은 실전과 마찬가지의 룰과 시합 진행을 전개하면서 결정된 테마마다에 각플레이를 체크하여 아군의 전력을 강화하기 위한 것이다.

연습 게임

자기 편끼리의 청백전과 달리 공식 기록에는 남지 않는 일종의 정규 게임이므로 자기 팀의 전력을 재기 위해서 크게 유용하다. 이제까지의 연습 성과를 얼마만큼 발휘할 수 있는가 하는 것과 동시에 상대방 팀의 투수력, 타력, 베이스 러닝, 사인 플레이, 팀 플레이 등을 산 교재로 하여 배우는 일이 중요하다.

경기 당일의 마음가짐

그라운드에 들어가면 우선 날씨의 상태에 신경을 쓴다. 투수의 경우에는 맞바람, 순풍에 따라 투구에 미묘한 변화가 생겨나며 (순풍인 경우에는 속구, 맞바람인 경우에는 변화구가 유리하다) 내·외야수에게 있어서도 플라이의 포구를 위해서 바람의 상태를 충분히

연습 게임

머리 속에 넣어 둘 필요가 있다.

또한 태양의 위치를 확인하여 플라이가 태양에 들어가지 않는 수비 태세도 생각해 둔다.

무더운 날씨 속에 게임을 하는 경우 투수의 피로가 격심해지므로 무턱대고 물을 마셔서는 안된다. 공격하는 측으로서는 빨리 치지 않고, 되도록이면 많은 공을 던지게 하는 작전이나, 번트 전법 등도 생각할 수 있다.

그라운드가 건조해서 단단하면 타구가 크게 바운드하므로 내리치는 배팅을 철저히 한다……는 따위로 그라운드 자체를 자기 편에 유리하게 끌어 넣는 작전을 생각해 보기 바란다(176페이지 참조).

⚾ 감독의 지휘 ⚾

  실제로 플레이하는 것은 선수 개개인이지만, 그것을 정리하여 개인 및 팀 전체의 힘을 발휘시키는 것은 감독이다.

팀의 편성

  팀 편성은 코치, 매니저, 선수(주장을 포함해서)에 의해서 성립되어 있다. 각자가 맡겨진 분야에서 충분히 서로 능력을 발휘하여 팀 워크에 연결시킴으로써 강한 팀이 생겨난다.

● 코치의 자질과 임무

  강한 팀을 만드는데 있어서 코치의 임무는 중대하다. 코치에게는 우선 팀의 교육과 야구에 대한 정열이 남달리 강할 것이 요구된다. 야구 지식 뿐만 아니라, 개개인 선수의 능력을 알고, 공평한 기분으로 선수를 보는 것이 중요하다.

  코치란 「가르친다」는 뜻이지만, 그와 동시에 항상 새로운 전법, 야구 기술을 스스로 배우도록 해야 한다.

  또한 전황에 따라 냉정한 판단을 내려야 하므로 결단력을 가지고 있을 것도 중요하다. 주자를 멈추는가, 진루시키는가 하는 판단에 의해 승패에 커다란 영향을 주게 되므로 상상력과 통찰력을 가지고 용기있는 결단을 내리도록 해야 한다.

  근대 야구에서는 과학적 지식이 필요하다. 생각나는 대로 임기응변적인 판단으로는 승리를 바랄 수 없다. 코치는 전략가이며 야구 연구가이기도 하다.

● 주　장

  코치와 선수를 연결하는 역할을 하는 사람이 주장이다. 코치가 없는 경우에는 코치의 대행이며, 연습도 솔선해서 한다. 게임 중에는 침착하고 냉정하게 나인의 심리적 중압감을 풀도록 힘쓴다.

● 매니저

야구 매니저를 경험한 사람은 어떤 사회에서도 성공한다—— 고 말할 정도이므로 세심한 배려와 열의가 요구된다. 매니지먼트란「처리, 관리, 경영, 운전, 변통」이라는 뜻이 있지만, 야구에서는 경기의 일정을 결정하고, 대전 상대를 조정하는 일을 하며 그밖에 경기 중에는 개인의 득점과 통계 등을 기록해 두고, 아군의 전력 분석과 상대의 역량을 측정할 자료를 작성하여 코치의 판단 재료를 만든다.

타순을 짜는 방법

● 1번 타자

플레이·볼이라는 소리를 지르면 맨 처음에 공격에 나서는 사람이 1번 타자다. 이 1번 타자에게 가장 요구되는 것은 장타를 치는 것보다도 확실하게 누에 나가는 것이다. 그러므로 1번 타자의 첫째 조건은 "선구안"에 있다. 상대방 투수의 구질, 속구, 투구의 버릇을 확인하기 위해서 많은 투구를 시키도록 한다. 공을 잘 보고, 상대방 투수의 컨디션을 탐색해서 4구라도 좋으니 어떻게 해서라도 누로 나갈 것을 생각한다.

● 2번 타자

2번 타자의 사명은 출루한 1번 타자를 확실하게 2루로 보내는

잔 수를 살린다

것이다. 그러기 위해서 기회에 따라 잔 재주를 부릴 수 있는 준족의 재치 있는 타자로서 좌타자라면 더욱 유리하다.

● **3 번 타자**

출루한 주자를 홈으로 불러들여 비로소 득점하게 되므로 확실성이 있고, 삼진이 적은 중심타자가 적합하다.

● **4 번 타자**

일반적으로 팀에서 가장 장타력이 있는 사람이 적합하다고 한다. 그 밖에 준족이라면 더욱 게임의 양상이 유리하게 전개될 것이다.

예를 들어 주자를 두고, 히트가 나오면 주자가 생환하는 동안에 2루에 진출할 수 있다.

● **5 번 타자**

4번에 이어지는 강타자로서 찬스에 강하고, 타점이 많은 사람에게 적합하다. 이 3, 4, 5번을 주자를 일소한다는 뜻에서 클린업 트리오라고 한다.

● **6, 7번 타자**

클린업 트리오에 의해서 주자가 일소된다면 6번 타자는 다시 1번 타자로서의 성격을 필요로 하므로 1번 타자와 같은 타이프의 사람

장타로 주자를 일소한다

이 이상적이다. 따라서 7번 타자도 제 2의 2번 타자라 할 수 있다.

● **8, 9번 타자**

보통 배터리가 이런 타순으로 들어간다. 배터리는 레귤러로서 매일 게임에 나가는 것이 아니므로 이 두 사람이 타순의 마지막에 들어가도록 하면 게임 때마다 타순을 바꾸지 않아도 된다.

별도로 8번에 투수를 넣고, 9번에 선구안이 좋고, 발이 빠르며, 번트를 잘 하는 사람을 넣어서 1번 타자까지 구분이 없는 타선(打線)을 짜는 방법도 있다.

● **타순 짤 때의 주의**

아래에 정리해 둔다.

① 타력이 나은 선수와 수비력이 나은 선수가 있을 경우에는 전반에 타력이 있는 선수를 기용하여 리드하게 되면 교대해서 수비를 굳힌다.

② 멤버는 실전에 강한 선수로 짠다.

③ 같은 정도의 기술을 가진 사람이라면 상대방 투수에 대한 심리적 효과를 노려서 키가 큰 사람, 작은 사람, 우타자, 좌타자 등으로 지그재그 타선을 짠다.

④ 투수가 좌우 어느 쪽의 손을 주로 쓰는가에 따라서 타순을 짜는

주자를 진루시키는 배팅

방법(예를 들어 우완투수에게는 좌타선)과 상대방 투수의 장기인 구종에 강한 타자 들을 늘어 놓는 방법을 잘 구분해서 사용해야 한다.

사인에 관해서

야구의 사인은 선수 사이, 선수와 코치, 선수와 벤치를 연결하는 통신 역할을 한다.

공격에 대해 반드시 수비의 사인도 있으므로 사인을 상대방이 알아차리지 못하도록 해야 한다. 사인을 나타낼 때는 의미가 없는 동작도 덧붙여서 상대방에게는 어느 것이 진짜 사인인지 알 수 없도록 한다.

또한 같은 사인만 하면 알아차리게 되므로 이닝에 따라 바꿀 필요도 있다.

● **사인의 종류**

① 플래시 사인

모자, 어깨, 얼굴, 팔, 벨트 등에 순간적으로 대서 나타내는 사인이다. 간단하지만 못 보고 지나쳐버리기 쉽다는 결점이 있다.

② 홀드 사인

무릎이나 허리에 손을 대거나, 손을 뒤로 끼는 따위의 동작 그 자체를 사인으로 하는 것이다. 단순하기 때문에 상대방이 간파하기 쉽다는 결점이 있다.

③ 블록 사인

몸의 부분을 머리, 가슴, 벨트 등의 각블록으로 나누어서 각각 사인을 적용하는 것이다. 미리 키(요점)와 오프를 결정해 두고, 이것을 이닝에 따라 변경한다. 키에 닿지 않으면 아무리 복잡하게 보이는 사인도 모두 무효이며, 오프에 닿으면 모두 취소된다는 사인으로서 상대방이 간파하기 어렵다는 장점이 있다.

● **어떤 때 사인을 나타내는가?**

타자 또는 주자가 사인에 정신을 집중시킬 수 있을 때, 다시 말해서 타자라면 타석에 들어가기 전이나, 투구를 받은 후, 주자라면 주자의 발이 베이스에 돌아가 닿아서 터치 아웃 될 우려가 없을 때다.

●공격용 사인

사인에 따라 하는 공격 작전에는 「히팅」(땅볼을 쳐라, 외야로 플라이를 쳐라, 강하게 내리쳐라 등), 「번트」(세이프티 번트, 보내기 번트, 에바스 등), 「도루」(스트레이트·스틸, 딜레이드·스틸, 더블·스틸, 투 런 스틸, 스퀴즈 등), 「히트 앤드 런」, 「번트 앤드 런」 외에 「테이킹(좋은 공을 기다림)」, 「자유롭게 하라」 등이 있다.

●수비용 사인

전진 수비(주자가 3루에 있어서 이것을 본루에서 봉살하는 경우), 중간수비(주자가 1·2루에 있어서 더블 플레이를 노리는 경우) 등 전황에 따라 수비 진형을 정돈하는 사인이 있다.

이밖에 픽·오프 플레이, 히트 앤드 런, 스퀴즈, 도루 등의 저지를 위한 사인은 일구마다에 포수 또는 키 맨에게 보내도록 한다.

게임 전의 작전

●날씨를 자기 편으로 만든다

게임 전에는 날씨에 대한 배려를 게을리하지 않도록 한다. 추운 날이라면 호타(好打)를 너무 기대하지 말고, 여느 때보다 번트나 히트 앤드 런, 도루를 많이 사용하는 편이 좋을 것이다.

사인을 철저히 한다

플래시 사인

홀드 사인

블록 사인

바람의 방향도 작전에 커다란 영향을 준다. 타자쪽으로 강한 바람이 불 경우에는 투수가 주로 스트레이트를, 반대로 투수쪽으로 강한 바람이 불 경우에는 커브를 주로 한다는 식이다.

더운 날에는 투수의 피로도가 더해지므로 번트 공격 등으로 피로를 빨리 오게 하거나, 반대로 예비 투수의 준비를 게을리하지 않도록 하는 따위로 날씨를 생각해서 작전을 세운다.

● **그라운드의 컨디션을 조사해 둔다**

그라운드가 부드럽고 질퍽거릴 정도라면 주루에는 적합하지 않으며, 단단하면 내리치는 배팅으로 누 사이를 빠져 나갈 수 있다. 잔디가 있는 구장에서는 공이 약하게 굴러가므로 번트나 스퀴즈 플레이가 유리하다. 펜스까지의 거리, 라인 옆의 경사 등도 당연히 머리 속에 넣어 둔다.

● **상대방 팀의 장점, 단점을 연구한다**

감독은 대전 상대의 장점, 단점을 철저히 연구하여 그 약점을 이용해서 자기 팀의 능력을 최대한으로 발휘하도록 유의하지 않으면 안된다. 그래서 상대방 팀의 연구의 포인트를 들어 두겠다.

① 투수력

우완인가, 좌완인가, 에이스인가, 2선급인가, 속구파인가, 변화구파인가, 수비력(필딩)은 어느 정도인가, 스태미너는 어느 정도인

가 등을 조사한다.

② 공격력

 장타력에 의존하는 타선인가, 번트 능력은 어느 정도인가, 타선의 구분, 속구에 강한가, 약한가 등을 포착해 둔다.

③ 수비력

 포수의 어깨, 내·외야의 수비력, 컴비 플레이를 잘하는지의 여부를 알아 두고, 그 약한 부분에 공격의 중점을 둔다.

④ 주 력

 발이 빠른 선수, 느린 선수, 도루 기술, 베이스 러닝을 잘하는지의 여부를 체크하여 준족 주자가 출루하면 견제, 픽 오프 플레이 등을 많이 사용하여 발을 멈추도록 한다.

⑤ 성 격

 이상의 체크 포인트와 함께 가장 배려해야 할 것은 상대방 벤치의 수비, 공격에 대한 사고방식이다. 공격형인가, 방어형인가, 정석 중시형인가, 무시형인가를 알게 되면 아군의 작전은 자연히 결정될 것이다.

게임 중의 작전

● 먼저 선취점을 노리고, 찬스가 있으면 확실하게 점수를 더한다

상대방 팀을 연구하여 팀의 힘이 백중하면 전반은 정석대로의 견실한 작전으로 나간다.

먼저 선취점을 따고, 1점씩 확실하게 점수를 더해가서 리드하면 적극적인 전법으로 전환해도 좋을 것이다.

다만 야구는 매우 의외성이 풍부한 스포츠이므로 가령 5점 차가 있더라도 역시 1점씩 착실하게 점수를 더해 나가야 한다.

반대로 리드를 허용한 경우에도 마찬가지다. 확실하게 베이스를 채워서 항상 1점 차로 계속 뒤쫓아가는 기백이 역전을 가능하게 한다.

● 구원 투수의 준비

선발 투수가 완투하는 것이 바람직하지만, 리듬이 깨져서 단조로운 투구로 되거나, 피로도가 더해지거나, 혹은 돌연한 사고에 의해 투구 불능이 될 경우에 대비해서 구원 투수를 준비해 둔다.

투수를 바꾸는 때가 매우 중요하므로 아군의 투수 컨디션이 좋고 나쁨을 정확하게 구분할 수 있는 판단력을 길러 두기 바란다.

● 대타의 준비

좋은 타자라도 그 날의 컨디션이 좋지 않거나, 상대방 투수가 질색이라는 타자의 경우, 혹은 게임의 난국을 타개하려는 경우 등 스코어, 아웃·카운트, 이닝, 상대방 투수의 컨디션과 능력(왼손잡이,

오른손잡이를 포함해서) 등에 따른 대타를 준비함과 동시에 그후의 수비 위치, 타순도 아울러 생각해서 기용하도록 한다.

수비측에 투수 교대의 움직임이 있다는 것을 느끼게 되면 그것이 끝난 후에 대타를 뽑아낸다.

● 그밖의 교대 준비

그밖의 교대 준비에는 대주자와 수비를 굳히기 위한 선수 교대가 있다.

대주자는 출루한 발이 느린 선수를 대신하여 기용하는 것이다. 대주자의 요원으로는 발은 빠르더라도 타력이 뒤떨어지는 사람이 뽑히는 경우가 많으므로 게임의 후반에 대주자를 내서 반드시 득점하리라고 생각될 때 기용해야 한다.

수비 교대도 부상 등의 사고에 의한 교대 이외에는 게임 후반에 사용하는 작전이다. 약간의 득점차를 끝까지 지키려고 할 때 기용한다.

● 심판을 자기 편으로 만든다

심판의 버릇을 빨리 아는 것도 중요한 작전의 하나다. 그것에 의해서 아군 투수의 투구의 폭을 지시할 수 있고, 또한 공격면에서는 공격의 촛점을 맞추어 치기 쉬워진다.

낮은 공에는 후하고, 높은 공에는 인색한 사람, 외각에 후하고, 내

각에 짠 사람 등을 배터리와 잘 판단해서 조금이라도 빨리 심판의 버릇을 간파한다.

● 선수에게 소리를 지른다

게임 중 감독과 선수와의 대화는 사인에 의한 것만이 아니다. 선수를 격려, 혹은 질타하며, 타자에게 작전을 주고, 수비를 지휘함에 있어서 소리도 커다란 역할을 한다.

선수에게 소리를 지를 때는 커다란 목소리로 확실하게 발음하도록 해야 한다. 장황하고 애매하게 지껄이면 선수에게 의사가 전달되지 않을 뿐만 아니라, 전의를 상실케 하는 일도 된다.

또한 게임 중에는 의연한 태도를 취하도록 유의해 주기 바란다. 특히 리드 당하고 있을 때는 감독의 기분이 가라앉아버리면 선수에게 주는 영향도 좋지 않다.

Part❽
부 록

야구장의 규격

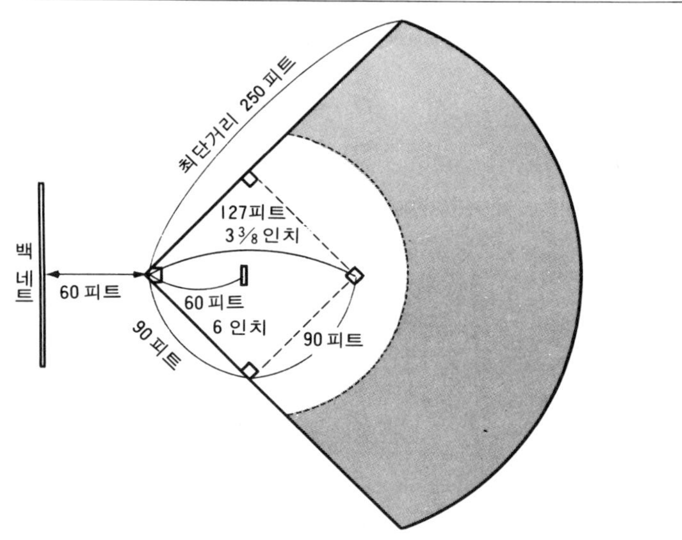

투수 마운드와 타석

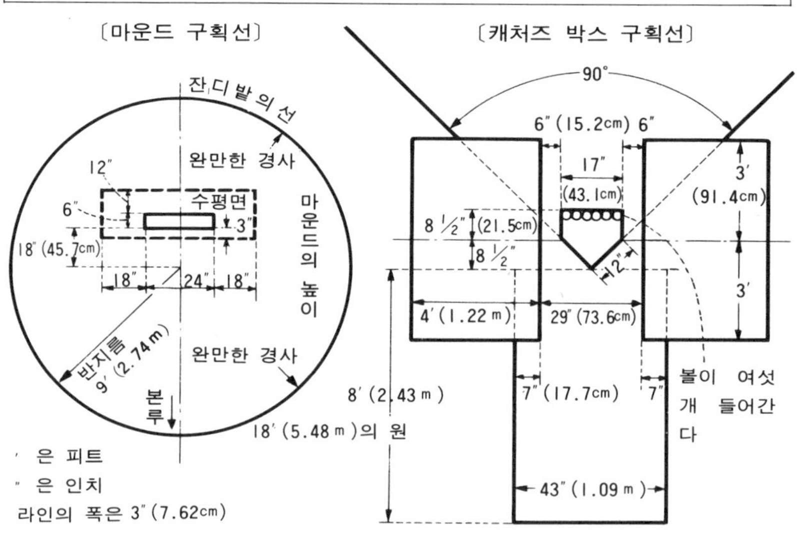

′ 은 피트
″ 은 인치
라인의 폭은 3″ (7.62cm)

다이어몬드와 각 베이스

〔야구 경기장의 구획선〕　　잔디밭의 선　　　　　' 은 피트
　　　　　　　　　　　　　　　　　　　" 은 인치
　　　　　　　　　　　　　　　　　라인의 폭은 3″(7.62 m)

13′(3.96 m)
1 루부터 2 루까지 90′(27.43m)
본루부터 2 루까지 127′ ─ 3 3/8
반지름 95′(28.95 m)
6′(1.82 m)
2 루부터 3 루까지 90′
3 루부터 1 루까지 127′ ─ 3 3/8 (38.79 m)
본루부터 1 루까지 90′
3′(91.4cm)
15′
10′
20′(6.09m)
18′(5.48m) 의 원
코치즈 박스
코치즈 박스
(18.44m) 투수판까지 60′─6
스리 푸트 라인 45′─ 0″(13.71 m)
26′(7.92 m) 의 원
넥스트 · 배터즈 박스
37′
37′(11.27 m)
넥스트 배터즈 박스
5′(1.52 m) 의 원
5′의 원
본루로부터 반지름 60′(18.28 m)
혹은 파울 라인으로부터 스탠드 또는 펜스까지 최소한60′(18.8 m)
백 네트의 선

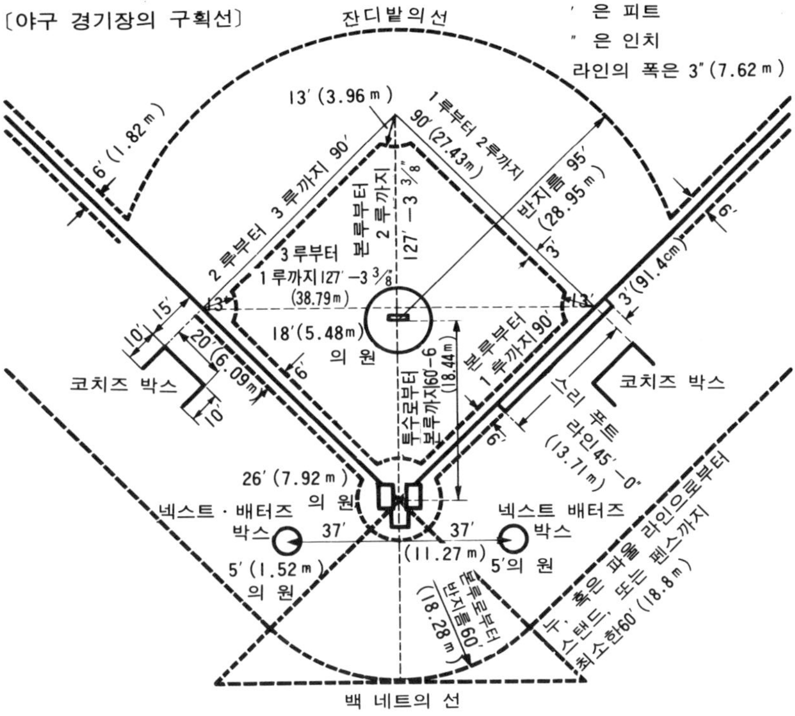

〔투수판〕
백색의 고무 평판
6″ 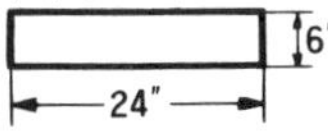
24″

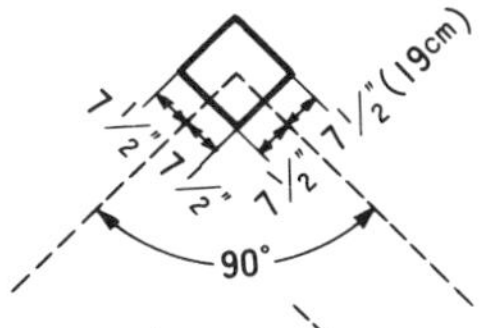

〔본루〕 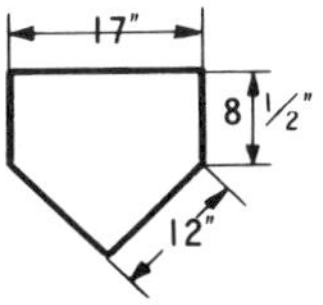
17″
8 1/2″
12″
표면이 지면과 수평으로 되도록 고정시킨다

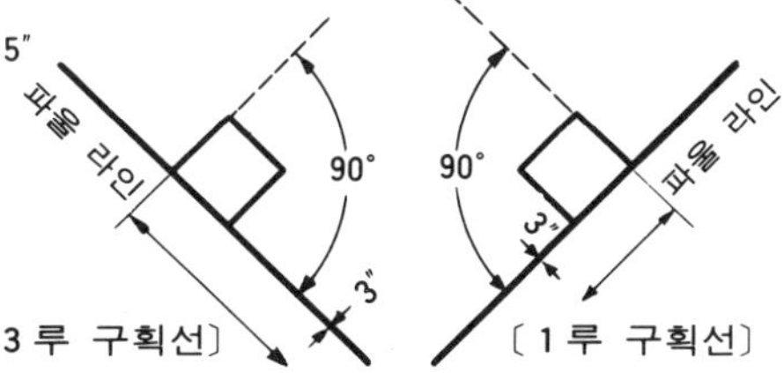

〔각루〕
백색의 캔버스 백
15″ 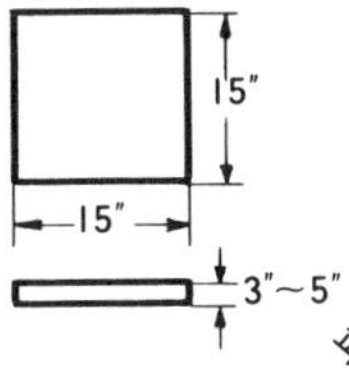
15″
3″~5″

〔2 루 구획선〕
7 1/2″ 7 1/2″ 7 1/2″ 7 1/2″(19cm)
90°

〔3 루 구획선〕
파울 라인
90°
3″

〔1 루 구획선〕
90°
3″
파울 라인

야구 여담

● 땅볼의 어원

땅볼은 타자가 친 공이 지면에 굴러가는 것인데, 그 어원은 영어의 그라운더(grounder)다. 그 종류는 지면에 기어가는 것과 크게 바운드하여 굴러가는 것이 있다.

● 지금 어느 쪽이 이겼는가?

게임 도중에 야구장에 온 우리 나라 사람들은 「어느 쪽이 이겼는가?」라고 묻는다. 그렇지만 본바닥인 미국에서는 「이긴다, 진다」고 하는 말은 게임이 끝난 후에, 다시 말해서 결과가 나온 후에 사용한다.

시합 도중의 경우라면 영어에서는 「앞서 있다」(ahead), 「뒤져 있다」(behind)라고 하는 표현을 사용한다. 플레이 그 자체를 즐기는 나라와 스코어에 기를 쓰는 나라의 국민성의 차이라고나 할까?

● "토머호킹"하라

미국의 야구 기술서에는 이 말이 자주 나온다. 토머호킹이란 아메리칸 인디언의 무기 토머호크에서 온 말이며, 토머호크란 큰 도끼와 같은 것이다.

다시 말해서 투구된 볼에 대하여 인디언이 상대방의 얼굴을 치는 듯한 스윙을 하라는 것이다. 우리 나라와 미국의 박력의 차이를 느끼게 하는 말이다.

● 베이스볼의 어원

초창기 무렵에는 각베이스는 나무 토막을 지면에 박아 세워서 표시했었다. 타자는 이 막대기를 향해서 달려갔으므로 발이 걸리거나, 삐거나 하여 부상자가 속출했다.

그후에 이 나무 토막은 위험하므로 평평한 돌을 사용했지만, 그래도 부상자가 끊이지 않았으므로 모래를 넣은 푸대를 사용하도록 했으며, 이 푸대를 베이스라 부른 사실에서 야구가 베이스볼이라고 일컬어지게 되었다.

● 빈 · 볼의 어원

타자의 머리를 겨냥해서 고의로 투구되는 볼을 말하며, 빈(bean)이란 미국의 속어로「머리」라는 뜻이다. 더스터(duster)볼이라고도 불리고 있다. 이것은 타자가 홈 베이스에서 몸을 젖혀서 물러나게 하기 위한 볼, 다시 말해서 유니폼의 먼지(dust)를 떨어낸다는 뜻이다. 또한 브러시(brush) 볼이라는 표현도 있다. 이것은 턱의 수염을 깎는다는 뜻이다.

● 에이스란 ?

트럼프에서 에이스라 하면 1번을 말하며, 어느 카드보다도 강한 것으로 되어 있다. 야구의 에이스는 일류 선수라는 것으로 반드시 투수가 아니라도 좋다.

뛰어난 기술을 가진 사람에 대해서 에이스란 말이 많이 사용되게 된 것은 제1차 세계 대전 때 공중전에서 적기를 다섯 대 이상 격추시킨 파일럿에 대한 일종의 존칭에서 유래된 것이라 한다.

야구에서 말하는 에이스란 그 게임을 맡은 팀의 기둥이 되는 중심 인물인 투수, 다시 말해서 적의 공격을 모두 봉쇄하는 격추왕이라는 뜻으로 쓰이는지도 모른다.

● 포스 · 아웃

포스란「강제하다」라는 뜻으로 1사 주자 1루와 같은 경우에 타자가 내야 땅볼을 치면 1루 주자는 달려가고 싶지 않더라도 진루하지 않을 수 없다.

따라서 포스 플레이에는 터치가 필요 없다.

● **Not end of the world**

미국에서는 월드 · 시리즈 등에서 팀이 절망적인 핀치에 빠졌을 경우 나인이 투수에게 달려가 "Not end of the world" (이 세상은 아직 끝이 아니야) 라고 용기를 북돋아 준다. 이제부터 시작이 아닌가 라고 하는 뜻일 것이다.

● **높게 던지지 말라**

고교 야구에서도, 프로 야구에서도 높게 던지는 것은 금물로 되어 있다. "야구 물리학"적으로 보면 이것이 바르다는 것을 증명해 준다.

  고속 촬영에 의한 왕(王) 선수의 스윙을 보면 배트가 볼을 포착한 시점을 기점으로 하여 배트의 끝이 움직이기 시작하는 시기는 높은 볼의 경우에 0.250초, 낮은 볼의 경우에 0.215초여서 높은 편이 잘 볼을 확인하여 칠 수 있다는 것을 알 수 있다.

  또한 배트가 움직이기 시작하는 시기에 볼이 위치하는 지점에서도 낮은 경우에는 8.55m 앞쪽이지만, 높으면 7.50m로 낮은 볼보다도 높은 볼이 구질, 던진 공의 코스를 구별할 수 있다는 것을 증명해 준다.

● **명예의 전당**

  「명예의 전당」은 야구의 발상지라고 하는 뉴요크주 쿠퍼스타운에 있으며, 1936년에 타이·캅 등이 처음으로 전당에 들어갔다. 이 쿠퍼스타운의 박물관에는 김정일(일본명 가네다 마사이찌)투수의 400승의 볼, 왕 선수의 756호 홈런 기념 배트가 장식되어 있다.

재미있는 룰 북

Q 여성의 뛰어난 빠른 투수가 있다고 칩시다. 프로야구, 실업 야구, 고교 야구에 출전할 수 있읍니까?

A 안됩니다. 야구 협약 제83조에는「의학상 남성이 아닌 사람은 선수로 등록 할 수 없다」고 규정되어 있읍니다. 감독이라면 상관 없읍니다.

Q 펜스가 넘어가는 홈런성의 큰 플라이 입니다. 스탠드에 손을 뻗어서 외야수가 이것을 포구하려고 했지만, 외야석의 팬이 이것을 잡아버렸읍니다. 어떻게 될까요?

A 홈런이 됩니다. 야구 규칙 3·16에는「스탠드 속으로 야수가 손을 뻗어서 포구하려는 것을 막아버리더라도 방해라고는 인정되지 않는다」라고 되어 있읍니다.

다만「관중이 비구를 잡으려는 야수를 분명하게 방해한 경우에는 심판원이 타자에게 아웃을 선고하도록」되어 있읍니다.

Q 투수가 투구 동작에 들어가 있었지만, 타자가 돌연 타임을 부르지 않고, 타석을 떠났읍니다. 투수는 거기에 따라서 투구 동작을 그만두어버렸읍니다.

이 경우 보크가 될까요?

A 보크가 됩니다.「투수판에 접촉한 투수가 투구에 관련되는 동작을 일으키면서 투구를 중지한 경우에는 보크」(야구 규칙 8·05〈a〉) 입니다. 타자가 박스를 떠나더라도 투수는 던져버리면 됩니다.

다만 이 경우의 판단이 애매하므로 1977년의 룰에서는「타자가 타석에서 나가는데 이끌려서 투구를 하지 않았을 경우 심판원이 보크를 선고해서는 안된다」(야구 규칙 6·02)고 하는 것이 추가되어 있읍니다.

Q 　　3루에 주자가 있고, 타자가 외야로 큰 플라이를 쳐 올렸습니다. 3루 주자는 터치 업하여 맹렬히 홈으로 돌입합니다. 쏜살같은 백·홈을 하는 순간 조명등이 꺼져버렸습니다. 어떻게 될까요?

A 　　알기 쉽게 말한다면 다시 해야 됩니다. 플레이 진행 중에 조명이 꺼졌을 경우 완료되어 있지 않은 플레이는 무효가 되며, 조명이 다시 켜졌을 때 플레이가 시작하기 전의 상태로 되돌아갑니다.

　다만 분명히 홈런이라고 알 수 있는 타구가 외야 스탠드 위로 넘어 갈 때의 정전인 경우에는 심판원이 홈런이라고 판단했을 때에 한해서 홈런으로 인정됩니다.

Q 　　주자 1·2루에서 타자가 친 볼이 1루 주자에게 맞고, 다시 이것이 되튀어서 2루로부터 3루로 향하는 주자에게도 맞아 버렸습니다. 이 경우에 어떻게 될까요?

A 　　1루 주자만 아웃입니다. 1루 주자에게 볼이 맞음과 동시에 게임 정지구로 되므로 그 볼이 2루 주자에게 맞더라도 관계 없습니다. 이 경우에 타자는 안타로 기록되어 1루로, 2루 주자는 2루로 되돌아가 게임이 재개됩니다.

Q 　　2사 1루에서 릴리프로 나온 투수가 타자에게 투구하기 전에 1루로 견제구를 던져서 아웃시켰습니다. 그회말에 이 투수에게 타순이 돌아왔으므로 핀치 히터가 나왔습니다.

　이 때 타자에게 1구도 던지지 않았는데, 이 핀치 히터가 인정될까요?

A 　　인정됩니다. 2사 후에 릴리프로서 1루 주자를 처리했습니다. 그러므로 이 투수의 투구 의무가 그 시점에서 없어졌습니다.

Q 　　외야로 큰 플라이가 올라갔습니다. 그다지 능숙하지 못한 외야수가 이 플라이를 잡으려고 했지만, 머리에 맞고 볼이

스탠드로 들어가버렸읍니다. 이 경우에 홈런이 될까요?

 또한 이렇게 머리에 맞은 볼이 파울 지역으로 들어가면 어떻게 될까요?

A 페어 지역의 스탠드로 들어가면 홈런, 파울 지역에 들어가면 2루타로 됩니다. 이것은 외야수의 머리든, 어깨든, 글러브든 마찬가지입니다.

Q 투수가 보크를 선고받은 투구를 타자가 쳐서 홈런이 되었읍니다. 이것이 인정될까요?

A 인정됩니다. 보크로 선고받은 볼이라 하더라도 홈런을 치면 유효입니다.

Q 타구가 라이트선으로 굴러갔읍니다. 우익수가 이것을 잡으려고 했는데, 확인하러 온 누심이 잘못하여 볼을 차내버렸읍니다. 어떻게 될까요?

A 고의로 차낸 것이 아닌 한 이 타구는 살아 있으므로 우익수는 이것을 잡으러 가야 합니다. 이 경우 심판은 돌맹이와 같은 것입니다.

Q 1사 주자 1·2루에서 타자가 라이트로 비구를 쳐 올렸읍니다. 각 주자는 포구되리라고 생각하여 각각 귀루했지만, 우익수는 이 볼을 한 번 글러브에 맞혀서 낙구하고 곧 주워서 3루로 송구, 다시 볼이 2루로 되돌아와 병살로 되었읍니다. 고의적인 낙구의 경우라 하더라도 이러한 병살이 성립될까요?

A 성립됩니다. 고의적인 낙구에 의해서 병살이 무효로 되는 것은 내야수가 페어 지역의 플라이, 또는 라인 드라이브를 고의로 낙구한 경우입니다(다만 인필드·플라이가 적용되는 경우를 제외하고, 내야수가 타구에 접촉하지 않고, 지상에 떨어뜨렸을 때는 고의적인 낙구에 들어가지 않습니다).

 외야수라면 고의적인 낙구를 해도 상관 없읍니다.

야구 용어 해설

⚾⚾⚾⚾ **7** ⚾⚾⚾⚾⚾⚾⚾⚾⚾⚾⚾⚾⚾⚾⚾⚾⚾⚾⚾⚾⚾

- 게임(game) … 운동경기. 시합.
- 게임 세트(game set) … 경기 종료를 뜻함. 미국에서는 game over.
- 게임 차(game behind) … 각 팀 사이의 성적 격차를 보는 기준의 하나. 산출 방법은 {(상위 팀의 이긴 수−하위 팀의 이긴 수)+(하위 팀의 패한 수−상 위 팀의 패한 수)}÷2로 나타냄.
- 겟 투(get two) … 병살(倂殺). 둘을 잡음.
- 견제구(牽制球) … 주자의 도루를 막기 위해서, 또는 베이스에서 떨어져 있는 주자를 잡으려고 투수나 포수가 누수에게 던지는 공.
- 경원(敬遠) … 투수가 고의로 사구를 던져 타자를 1루로 보냄.
- 경원사구(敬遠四球, intentional) … 강타자에게 얻어맞지 않으려고 일부러 스트라이크를 피해 포 볼(four ball)을 만들어 1루에 걸려보내는 것. 1901년 필라델피아 어틀레틱스의 강타자 나폴레옹 라죠이가 만루에서 1루로 걸려보 내진 것이 시초라고 함.
- 계약 교섭권 … 그 구단만 특정 선수에 대해 입단을 권유할 수 있는 권리. 이 교섭에서 선수는 거절할 수 있으나 그런 경우는 1년간 다른 구단에 입단할 수 없도록 규정하고 있다.
- 고의낙구(故意落球) … 무사 또는 1사에서 주자 1루, 1·2루, 1·3루 또는 만 루일 때 내야수가 페어의 직구나 비구를 고의로 떨어뜨린 경우에 타자는 아웃 이라는 것. 본래 이 규칙이 플라이나 라이너를 한 번 글러브에 넣고서 의식적 으로 떨어뜨리고 병살을 꾀하는 트릭 플레이를 막기 위한 것이므로 고의 낙구 가 거의 생기지 않는 외야 비구를 빼고 실제 손해를 보는 내야 비구에만 적용 시킨 것. 또 고의 낙구일 때 주자는 원래의 베이스에 다시 터치하지 않더라도 아웃의 위험을 무릅쓰고 진루할 수 있었다가 볼 데드가 되어 진루할 수 없다 로 바뀌었음. 인 필드 플라이가 선고된 경우는 그것이 우선함.
- 구심(球審) … 포수 뒤에서 볼이나 스트라이크 등의 판정이나 시합의 진행을 담당하는 심판. 주심. 볼 엄파이어(ball umpire).
- 구원 투수(relief picher) … 먼저 던지기 시작한 투수가 상대 타자들에게 계속 안타를 맞거나 위기에 몰렸을 때 그 위기를 넘기기 위하여 등판하는 투수.

- 구즈 에그(goose egg) … 득점이 한 점도 없음.
- 굿바이 히트(goo-bye hit) … 마지막 말에 경기의 승패를 결정짓는 득점 안타. 그것이 홈런일 때는 굿바이 홈런(good-bye homerun).
- 규정 타석(規定打席) … 리그전이나 대회의 개인 타격의 성적을 작성할 때 유자격자를 결정하기 위해 규정한 최소 타석수. 팀 시합 수의 3.1배의 타석수를 일반 룰로 정함.
- 그라운드 볼(ground ball) … 땅 위로 굴러가는 타구. 땅볼. 포구(葡球)
- 그라운드 홈런(ground homerun) … 펜스를 넘기지 못한 타구를 처리하지 못하는 동안 타자가 베이스를 돌아 홈인하는 홈런. 러닝 홈런(running homerun).
- 그래스 라인(grass line) … 경기장 안의 잔디 경계선.
- 그랜드 슬램(grand slam) … 주자가 만루일 때 홈런을 치는 것. 만루 홈런.
- 그립(grip) … 쥐는 것 또는 쥐는 방법. 배트를 잡는 법을 일컫는 경우도 있고 미트나 글러브로 볼을 잡는 법에도 쓰임.
- 글러브(glove) … 경기할 때 손에 끼는 가죽으로 만든 장갑.
- 기습 번트(bunt) … 타자가 베이스에 나가기 위해 허술한 수비벽을 뚫고 갑자기 하는 번트.

ㄴ

- 나이트 게임(night game) … 야광등을 켜고 진행하는 야간 경기. 1909년 미국의 신시내티 레드 구장에서 시험적으로 행한 것이 최초로 1930년 마이너 리그에서 공식적으로 행했음.
- 나인(nine) … 아홉 명이 한 팀을 구성하기 때문에 불리는 주전 선수의 다른 별명.
- 낫 아웃(not out) … 세 번째 스트라이크를 포수가 받지 못했을 때 스트라이크 아웃으로 인정하지 않는 규칙. 타자는 공을 친 것으로 간주되어서 야수가 수비하기 전에 1루에 닿으면 살게 됨. 단 노 아웃이나 원 아웃일 때 또는 1루를 포함한 주자가 있을 때는 해당되지 않음.
- 내셔널 리그(national league) … 미국 프로야구 연맹의 하나로 1876년에 8개 구단으로 창단하였으며 현재는 동서 지구 각 6개 도합 12개 구단이 있음.

세인트 루이스 커디널즈, 피츠버그 파이레츠, 필라델피아 필리즈, 시카고 커프스, 뉴욕 메츠, 몬트리올 엑스복스(이상 동부 지구), 신시내티 레즈, 휴스턴 아스트로즈, 로스앤젤레스 도저스, 아틀랜타 브레어보스, 샌프란시스코 자이언트, 샌디에고 파드레스 (이상 서부 지구). 아메리칸 리그와 함께 메이저 리그를 이룸.

● 내셔널 베이스볼 콩그레스(national baseball congress) … 1930년에 설립한 아마추어 야구 통제 기관인 미국 야구협회.

● 내야(內野) … 본루, 1루, 2루, 3루를 연결한 선의 구역 안. 인 필드(infield).

● 내야수(內野手) … 내야를 맡아 지키는 1루수, 2루수, 3루수, 유격수의 총칭. 인 필더(infielder).

● 내야 안타(內野 安打) … 타자가 친 공이 내야에 떨어졌으나 주자가 아웃되지 않은 안타. 내야 히트(infield hit).

● 내추럴 커브(natural curve) … 투수가 던진 공이 자연스럽게 커브가 되어 들어가는 공.

● 너클 볼(knuckle ball) … 손가락을 공의 겉면에 세워서 던지는 변화구로 공이 회전을 하지 않으며 타자 앞에서 급히 낙하함. 1922년 필라델피아 어틀레틱스의 투수 에디 론멜이 발명한 것으로 집게와 가운데손가락을 꺾어서 볼을 쥐고 손가락 끝으로 던져 회전을 가하지 않는 투구. 또는 집게와 가운데손가락의 둘째 마디로 볼을 받치고 손목을 놀려 손가락을 뻗으면서 낮게 던지는 투구.

● 넥스트 배터스 복스(next batter's box) … 다음 타자가 기다리는 곳. 웨이팅 서클(waiting circle).

● 노 게임(no game) … 5회가 끝나기 전에 중지됨으로 해서 무효가 된 경기. 이 경우 개인의 공수 성적도 인정되지 않음.

● 노 스텝(no step) … 투수가 공을 던질 때 발을 앞으로 내딛지 않은 경우.

● 노 카운트(no count) … 볼이나 스트라이크로 간주하지 않는 공. 투 스트라이크 이후의 파울 볼은 카운트하지 않음.

● 노 타임(no time) … 일시적으로 중단되었던 경기가 재개될 때 심판이 선언하는 말.

● 노 터치(no touch) … 수비 선수가 주자나 베이스를 터치하지 못하는 경우나 주자가 베이스를 밟지 않고 다음 베이스로 달리는 것.

● 노 플레이(no play) … 시합이 정지된 상태에서 행해진 플레이.

● 노 히트 노 런(no hit no run)···투수가 9회말까지 상대방을 무안타 무득점으로 이긴 게임. 퍼펙트 게임과 더불어 투수의 빛나는 기록 중의 하나.

● 노 히트 플링잉(no hit flinging)···안타를 주지 않는 투구.

● 녹커(knocker)···수비 연습을 위해 야수에게 공을 쳐주는 사람으로 코치나 감독이 함.

● 녹크(knock)···수비 연습을 위해 야수에게 공을 쳐서 보내는 일.

● 녹크 배트(knock bat)···포구 연습에 사용하는 가늘고 가벼운 배트.

● 녹크 아웃(knock out)···공격측이 상대 투수를 난타하여 교체시키는 것.

● 누심(壘審)···각 누와 옆에서 심판일을 맡아보며 구심을 보좌하는 사람. 베이스 엄파이어(base umpire).

● 누타수(total bases)···때린 안타 중 단타를 1로, 2루타를 2로, 3루타를 3으로 홈런타를 4로써 합산한 총계.

● 뉴 레이팅(new rating)···신타율(新打率) 또는 신타율 계산법으로 안타수만을 계산하던 것을 차점·득점·누타수 등을 합쳐 계산하는 새로운 타율 계산법. 이것은 장타자가 찬스에 강한 타자에게 불리하기 때문에 생긴 방식임.

● 니어 볼(near ball)···투수가 타자의 몸 쪽 가까이 던지는 공이나 강타자나 호타자를 견제하기 위해 타자 깊숙이 투구하는 공.

● 다운 스윙(down swing)···수평 타법으로 배트를 들어올리지 않고 두들기듯이 휘두르는 배팅으로 땅볼이 되기 쉬움.

● 다이렉트(direct)···일직선에 가까운 타구로 야수나 관람석 또는 백 네트로 간 공.

● 다이빙 캐치(diving catch)···낮게 떨어지는 안타성의 공을 수비자가 다이빙하듯이 몸을 날려서 잡아내는 동작.

● 다이아몬드(diamond)···내야의 별칭. 정방향의 경기장. 한복판에 투수가 높이 자리잡고 있기 때문에 내야 전체가 다이아몬드처럼 보인다고 해서 생긴 말.

● 다크 호스(dark horse)···실력이 감추어져 뜻밖의 변수로 작용할 가능성이 있는 선수나 후보자.

- 단타(單打) … 타자 주자가 1루를 얻는 안타. 싱글 히트(single hit).
- 대(大) 리거 … 미국 프로야구 즉 내셔널 리그와 아메리칸 리그에 소속된 팀에 적을 두고 있는 선수나 전에 그런 리그에서 플레이를 한 경험이 있는 선수의 총칭.
- 대 리그(League) … 미국 2대 프로야구 리그로 아메리칸 리그와 내셔널 리그를 합쳐 이르는 말로 메이저 리그 (major league)라고도 함.
- 대 리그 변화볼 … 변화구 때리기 전용의 연습용 볼로 보통 경구(硬球)와 같은 크기, 무게이나 전체 10분의 1정도를 잘라내어서 완전히 둥근 모양이 아님. 던질 때 손목을 비틀 필요가 없어서 누구나 자유자재로 던질 수 있으며 평면 부분에는 배트가 절대로 맞지 않음.
- 대시(dash) … 상대 진영이나 선수에게 공격해 들어가는 것. 돌진.
- 더그아웃(dugout) … 선수 대기석. 1루와 3루 쪽에 있는데 평지를 파서 만듦. 벤치(bench).
- 더블 스틸(double steal) … 두 사람의 주자가 동시에 도루하는 일. 이중 도루.
- 더블 엘리미네이션 시스템(double elimination system) … 패자 부활 제도. 토너먼트 경기에서 패퇴한 사람이나 팀에게 다시 한 번 참가할 기회를 주는 것.
- 더블 플레이(double play) … 수비측이 한꺼번에 두 사람의 주자를 아웃시키는 일. 병살. 중살(重殺). 겟 투(get two)라고도 함. 두 개의 아웃 사이에 에러가 있을 때는 더블 플레이라고 하지 않음. 포스 아웃이 연속된 것을 포스 더블 플레이, 두 번째 아웃이 포스 아웃이 될 주자가 다음 베이스에 닿기 전에 터치 아웃된 것을 리버스 포스 더블 플레이라고 함.
- 더블 헤더(double header) … 같은 날 같은 팀이 같은 구장에서 두 번 계속해서 경기하는 일. 다른 팀과의 경기는 더블 헤더라고 하지 않음.
- 더스터(duster) … 머리나 턱을 노리고 던지는 공. 빈 볼(bean ball). 보통 타자를 타자석에서 멀리 떨어지게 하거나 타자에게 공포를 느끼게 하는 효과를 노리려고 던지는데 규칙에는 금지되어 있는 불법적인 투구법.
- 데드 볼(dead ball) … 사구(死球). 투수가 던진 볼이 타자에 맞는 경우를 일컬음. 정식 용어는 히트 바이 피치(hit by pitch)임. 야구 규칙에는 플레이가 일시 정지되었기 때문에 플레이에서 벗어난 볼로서 보크인 경우, 파울이 야수에 직접 잡히지 않은 경우 등이 포함됨.

- 데이 게임(day game) … 주간 시합. 야간 시합(night game)에 대칭되는 말.
- 데이라이트 플레이(daylight play) … 2루 주자가 있을 때 유격수는 닿을 듯 말 듯한 모양으로 주자의 후방에서 견제를 행하는데 주자보다 유격수가 2루에 가까이 했을 때는 주자와 유격수 사이에 간격이 생겨 이 틈을 이용해 주자를 아웃시킬 수 있으므로 이 간격을 만들어 견제구의 신호를 행하는 것.
- 데지네이티드 히터(designated hitter) … 지명 타자.
- 도루(盜壘) … 주자가 수비의 허술한 틈을 타서 다음 누로 가는 일. 스틸(steal).
- 드래그 번트(drag bunt) … 타자가 살려는 번트로 왼손잡이 타자는 1루 쪽으로, 오른손잡이 타자는 3루 쪽으로 끌어서 굴리는 것.

  배트를 밀어내듯이 하여 가볍게 공에 맞춰 투수 쪽으로 가게 한 후 전력으로 1루로 달림.
- 드래그 히트(drag hit) … 배트를 밀어내어 가볍게 맞추어 기습적으로 안타를 노리는 타법. 푸시 히트(push hit)라고도 함.
- 드래프트제(draft system) … 프로 야구의 신인 선수 쟁탈의 폐해를 막기 위해 미국의 프리 에이젠트 드래프트제를 본딴 제도. 신인 선수를 한데 묶어놓고 팀의 대표들로 선발 회의를 구성하여 일괄적으로 교섭하는 방법.
- 드론 게임(drawn game) … 무승부로 끝나는 시합.
- 드롭(drop) … 변화구의 일종으로 타자 앞에서 갑자기 밑으로 뚝 떨어지는 공.
- 득점(得點) … 공격측의 선수가 1루를 돌아 본루로 들어오면 1점이 가산되는 것.
- 등 번호(back number) … 다른 스포츠에서 힌트를 얻어 선수 이름을 관중에게 알리기 위해 유니폼 등에 자신의 고유 번호를 붙인 것. 미국에서는 유니폼 넘버(uniform number)라고 부름.
- 디펜스(defence) … 수비 팀이나 수비수.
- 딜레이드 더블 스틸(delayed double steal) … 주자가 1 · 3루에 있을 때 1루 주자는 포수가 투수에게 송구하려는 순간 출발하며 이때 포수가 2루에 송구하면 1루 주자는 2루 앞에 멈춰 야수의 태그를 늦추고 이때 3루 주자가 홈인한 뒤 태그 아웃을 당하는 변형 이중 도루.
- 딜레이드 스틸(delayed steal) … 보통의 도루와 다른 형태로 포수가 공을 받아 투수에게 보내려 할 때나 포수가 주자를 견제했을 때 역으로 주자가 다음

베이스로 도루를 꾀하는 플레이. 일반적인 스타일은 투수의 허를 노리는데, 여기서는 흔히 포수의 허를 노리는 점에 특색이 있음.

● 땅볼(ground ball) … 땅 위를 굴러가는 타구나 낮게 바운드 되어서 굴러가는 공.

⚾⚾⚾⚾   2   ⚾⚾⚾⚾⚾⚾⚾⚾⚾⚾⚾⚾⚾⚾⚾⚾⚾⚾⚾

● 라스트 이닝(last inning) … 마지막 회.
● 라이너(liner) … 타구가 거의 지면과 평행으로 곧게 날아가는 것.
● 라이트(right) … 우익수. 외야의 오른쪽을 수비하는 외야수로 라이트 필더(right fielder)라고도 함.
● 라인(line) … 경기장의 경계를 나타내기 위해 긋는 선.
● 라인 드라이브(line drive) … 볼이 그라운드에 닿지 않고 날카롭게 직선적으로 야수에게 날아가는 타구. 라이너(liner). 직구.
● 라인 아웃(line out) … 주자가 베이스와 베이스 사이를 달리고 있을 때 야수의 촉구를 피하려고 베이스 사이의 선에서 3피트 이상 바깥으로 나가서 달린 경우로 이때는 아웃이 됨.
● 라인 업(line up) … 공격 팀 타자들의 타격 순서 또는 위치. 배팅 오더(batting order).
● 랑데부 홈런(rendez-vous homerun) … 두 타자가 한 게임에서 연속 홈런을 치는 경우.
● 러너(runner) … 주자(走者).
● 러닝 스로(running throw) … 달리면서 동시에 공을 송구하는 일.
● 러닝 캐치(running catch) … 달리면서 공을 잡아내는 일.
● 러닝 호머(running homer) … 친 공이 외야 펜스를 넘지는 않았으나 야수가 공을 좇고 있는 사이에 타자가 베이스를 돌아 홈인하는 홈런.
● 러키 세븐(lucky seven) … 주로 7회에 다른 회보다 점수가 많이 난다고 하여 붙은 이름. 경기가 7회쯤 진행되면 투수가 피로해져 약점을 드러내므로 득점을 올리는 기회가 많이 생긴다는 뜻에서 온 말.
● 러키 존(lucky zone) … 본루에서 거리가 가장 넓은 외야의 좌우 펜스 바로 뒤쪽 지역으로 홈런이 되기 쉽다는 뜻에서 유래. 이와 반대로 외야의 좌우 양

익이 짧은 그라운드에서는 홈런이 나오기 쉬우므로 펜스 위에 철망을 높이 쳐서 난발을 방지하기도 함.

- **런(run)** … 득점.
- **런 다운(run down)** … 누와 누 사이에서 주자를 아웃시키려는 수비측의 행위.
- **런스 배티드 인(runs batted in)** … 타격점. 타점. 득점타. 다음에 드는 행위에 의해 득점을 올린 주자에 하나씩 주어짐. ①안타(홈런타 포함) ②희생타(번트 플라이) ③내야의 아웃 및 야수 선택 ④타자가 주자가 되어 밀어내어진 득점 ⑤2사 이전에 타자가 친 볼을 선수가 실책해서 3루 주자가 생환된 경우나 이런 실책이 없더라도 그 주자는 득점이 되었으리라 인정되는 경우.
- **레귤러 스로(regular throw)** … 손을 위로 해서 내리던지는 오버 스로.
- **레귤러 플레이어(regular player)** … 후보 선수가 아닌 정식 선수.
- **레벨 스윙(level swing)** … 타격법의 일종으로 수평으로 하는 스윙.
- **레프트(left)** … 좌익수. 레프트 필더(left fielder).
- **레프트 온 베이스(left on base)** … 세 명의 아웃으로 교대할 때 남은 주자. 잔루(殘壘).
- **레프트 핸더(left hander)** … 왼손잡이.
- **렉 가드(leg guard)** … 포수가 정강이를 보호하기 위해서 무릎에 대는 기구.
- **로드 게임(road game)** … 상대편 팀의 본거지에 가서 행하는 시합. 통상의 경우 프로 야구는 전공식 시합의 반을 홈 그라운드에서 하고, 나머지 반은 로드 게임으로 행하게 되어 있음.
- **로우 볼(low ball)** … 투수가 낮게 던지는 공.
- **로진 백(rosin bag)** … 타자나 투수가 손이 미끄럽지 않도록 쓰는 송진 가루를 넣어 만든 작은 주머니. 투수는 이 로진 백으로 손에 로진을 발라도 좋지만 타자나 다른 선수가 볼은 물론 글러브나 유니폼에 로진을 뿌리는 것은 룰로 금지되어 있음.
- **로테이션(rotation)** … 순환하는 투수의 기용 순서. 이것으로 감독이 투수의 운영법을 정함. 투수를 선발과 릴리프로 나눠 각 투수의 체력에 맞춰 휴양을 위한 기간을 3일 간격이나 4일 간격으로 분류하여 스케줄에 따라 각 투수의 담당 등판을 결정함.
- **록킹 모션(rocking motion)** … 투수가 투구 준비 동작으로서 팔과 몸을 앞뒤로 흔드는 동작을 말하는데 이것을 많이 되풀이하면 반칙 투구가 될 경우도

있음.

● 롱 드라이브(long drive) … 회전없이 먼 거리로 날으는 타구.

● 롱 스윙(long swing) … 배트를 길게 쥐고 장타(長打)를 노리는 타법.

● 롱 페그(long pag) … 포수가 견제를 목적으로 하여서 직접 2루로 던지는 송구.

● 롱 히트(long hit) … 2루 이상 베이스로 나갈 수 있는 장타성 안타.

● 루징 피처(losing pitcher) … 자기 팀이 진 경기에서 등판한 투수. 패전 투수. 투구 회수에 관계없이 처음부터 계속 던지면 최초에 득점을 뺏긴 투수, 중도에서 동점이 되면 그 이후의 승부의 경과에서 패전을 가져온 투수가 루징 피처가 됨.

● 루키(rookie) … 팀에 새로 입단한 신인. 신병이라는 뜻의 리크루트(recruit)가 어원.

● 룰(rule) … 경기 규칙.

● 리그(league) … 두 가지 의미가 있는데 어떤 팀이 가장 우수한지를 가리기 위해 서로 경기를 벌이는 경우와 가입한 몇 팀이 돌려가면서 골고루 경기를 하는 뜻이 있음.

● 리그 프레지던트(league president) … 리그의 회장. 규칙을 시행하고 논쟁을 해결하고 제소 게임의 재정을 정해야 함.

● 리드(lead) … 상대 팀을 점수면에서 앞서는 경우와 주자가 도루하려고 베이스에서 떨어지는 것.

● 리드 오프 맨(lead off man) … 타순표에 따른 1번 타자로 선구안이 빠르고 타격이 정확한 선수가 기용됨.

● 리딩 히터(leading hitter) … 시즌을 통해 그 리그에서 가장 타격율이 높은 타자. 수위 타자(首位打者).

● 리버스 포스 더블 플레이(reverse force double play) … 우선 1루에서 주자를 아웃시키고 다음 누에 가는 주자를 태그 아웃시키는 병살.

● 리터치(retouch) … 주자가 규칙에 따라서 한 번 밟은 베이스를 다시 밟는 행위.

● 리틀 리그(little league) … 9세에서 12세까지 출전할 수 있는 소년 야구 리그. 1939년에 미국에서 만든 리그로 본부는 미국 펜실베니아 주 윌리엄스 포트에 두고 세계 선수권 대회를 행함. 6회제로 경구를 사용함.

● 릴레이(realy) … 외야로부터 송구할 때 도중에 이것을 중계하여 송구를 도와

주는 것.
- 릴리프 피처(relief pitcher)…투수가 지치거나 난타를 당해서 속구가 불가능한 경우에 교체하는 투수. 구원 투수.

- 마스코트(mascot)…팀에게 행운과 승리를 가져다 준다고 믿어서 상징화시킨 작은 완구나 동물.
- 마스크(mask)…포수나 주심이 얼굴을 보호하기 위해 쓰는 방어용 기구.
- 마운드(mound)…투수가 공을 던질 때 서는 약간 높은 곳으로 중앙에 투구판이 있음. 힐(hill)이라고도 하고 중심판을 피처스 플레이트(pitcher's plate)라고 함.
- 마운틴 플라이 볼(mountain fly ball)…높이 뜬 타구.
- 마이너 리그(minor league)…미국 프로 야구의 소(小) 리그를 일컬음. 그 강약에 따라 AAA′ AA′ A′ 루키의 4단계로 나뉘어 내셔널 어소시에이션의 산하에 포함되어 있음.
- 만루(滿壘)…1·2·3루 모두에 주자가 있는 상태. 풀 베이스(full base).
- 만루 호머(滿壘 homer)…풀 베이스 상태에서 홈런을 치는 경우. 그랜드 슬램(grand slam).
- 매니저(manager)…미국에서는 감독을 뜻하는데 팀의 일체의 일을 돌보는 사람의 뜻도 있음.
- 매직 볼(magic ball)…투수의 볼이 뛰어나서 타자들이 손을 못 대는 경우를 일컬어 하는 말. 마구.
- 매티스 시스템(Matty's system)…다음 타자로부터 범타를 이끌어 내어 더블 플레이를 시도하거나 수비를 쉽게 하기 위해 고의로 만루를 만드는 수비 작전.
- 머드 볼(mud ball)…진흙 묻은 공.
- 머프(muff)…날아오른 공을 받지 못하는 것. 펌블(fumble).
- 메이저 리그(major league)…미국 프로 야구의 최상위 리그. 내셔널 리그와 아메리칸 리그로 나뉘어 양 리그는 각기 12팀으로 구성되어 있음.
- 모션(motion)…선수가 움직이는 동작이나 형태.

- 모션 피칭(motion pitching) … 부정 투구가 되지 않는 한도 내에서 동작으로 타자를 혼란시키기 위한 투수의 투구 동작.
- 몰수 경기(沒收競技) … 선수 부족, 경기 거부 등의 원인으로 시합을 진행할 수 없을 때 심판에 의해 과실이 없는 팀에 승리가 선고되는 경기.
- 무거운 공 … 야구 해설자가 흔히 무거운 공이라든가 가벼운 공이라는 말을 쓰는데 과학적으로 아직 해명되지 않고 있는 말. 손가락 끝의 힘이 잘 들은 볼은 회전이 빨라 가벼운 공 같은 느낌이 들며 중량이 있는 투수가 전신을 이용해 던지는 공은 회전이 비교적 적고 빠르므로 무거운 공이라는 느낌을 줌. 속도가 같고 공의 회전이 다소 다른 것만으로 무겁다든가 가볍다는 현상이 나올 수 있느냐에 의문점이 많음.
- 미라클 캐치(miracle catch) … 야수가 안타성의 어려운 타구를 잘 잡아냈을 경우.
- 미스저지(missjudge) … 심판이 잘못 내린 판정이나 야수가 잘못 판단해서 공을 잡아내지 못한 경우.
- 미트(meet) … 타자가 투구의 구질에 따라 배트를 공에 맞추는 일.
- 미트(mitt) … 포수가 1루수가 끼는 엄지손가락만 떨어져 있는 글러브.
- 미트 핸드(meet hand) … 글러브를 착용하지 않은 맨 손.
- 믹스(mix) … 투수가 공을 여러 가지 구질로 섞어서 던지는 일.

ㅂ

- 바운드 볼(bound ball) … 송구, 투구, 타구 등이 지면이나 다른 것에 닿고 튀는 공.
- 바이크(vike) … 포수의 급소를 보호하기 위해 경금속으로 만든 기구.
- 반칙 타구(反則打球) … 규정 외의 배트로 치거나 배터스 복스에서 한 발이나 양 발을 완전히 내보내고서 친 타구.
- 방어율(earned run average) … 투수가 상대 팀의 공격을 방어한 비율. 투수의 자책점의 합계를 투구 회수로 나눈 것에 9를 곱한 숫자. 회수의 3분의 2회는 끝자리 수를 1로 올리고 3분의 1회는 버림. 숫자가 낮을수록 좋은 투수임을 나타냄.
- 방해(妨害) … 상대에게 해를 끼치는 행위. 인터피어(interfere).

- 배거(bagger) … 누타(壘打). 2루타는 투 배거, 3루타는 스리 배거. 1루타는 배거라고 부르지 않음.
- 배터(batter) … 배터스 복스에서 공격하는 선수.
- 배터 러너(batter runner) … 타격을 마친 타자가 아웃될 때까지나 주자가 된 것에 대한 경기가 종료될 때까지의 사이를 일컬음.
- 배터리(battery) … 투수와 포수를 통틀어 일컫는 말. 전신의 송신자와 수신자가 배터리(전지)로 이어져 있는 뜻에서 생긴 용어.
- 배터리 에러(battery error) … 배터리의 잘못으로 타자를 한 누로 진출시킨 경우.
- 배터리 콤비네이션(battery combination) … 투수와 포수가 손발이 잘 맞는 정도.
- 배터 업(batter up) … 타자에게 즉시 타석에 서도록 촉구하는 심판 용어.
- 배터 인 더 홀(batter in the hole) … 볼 카운트 2-0, 2-1처럼 타자에게 불리한 상태.
- 배터스 라인(batter's line) … 타석을 표시한 선.
- 배터스 복스(batter's box) … 타자가 타격을 하기 위해 들어서는 곳. 본루 좌우에 흰 선으로 그려진 나비 4피트(1.22m), 길이 6피트(1.82m)의 장방형 테두리의 안을 말함. 타석(打席).
- 배터 캅 히터(batter cop hitter) … 투구한 볼이 자기 몸에 닿을까봐 겁내는 타자.
- 배트(batt) … 타자가 투구할 때 사용하는 방망이.
- 배팅(batting) … 타자가 투구된 볼을 배트로 치는 것.
- 배팅 애버리지(batting average) … 타수와 안타의 비율. 포 볼과 희생타 방해 등은 타수로 계산하지 않음.
- 배팅 아이(batting eye) … 타자가 투구 코스나 구질을 분별할 수 있는 능력과 센스. 선구안(選球眼).
- 배팅 오더(batting order) … 공격할 때 치는 순서. 라인 업(line up). 타격순. 타순.
- 배팅 찬스(batting chance) … 타자가 스윙을 해도 기회가 또 있기 때문에 마음놓고 배트를 휘두를 수 있는 볼 카운트.
- 배팅 케이지(batting cage) … 돈을 받고 타격 연습을 하는 장소. 손님은 피칭 머신을 이용하여 네트 안에서 요금만큼의 공을 침.

- 백 그린(back green) ··· 타자에게 공이 잘 보이도록 하기 위해 센터 뒤쪽에 설치한 푸른빛의 담.
- 백 네트(back net) ··· 홈 플레이트 뒤의 공을 막는 철망 그물.
- 백 스윙(back swing) ··· 타자가 볼을 칠 때 배트를 뒤쪽으로 끌어당겨 흔들어 올리는 동작. 투수의 경우는 투구 동작의 개시에 있어서 허리, 몸통, 어깨, 등을 뒤쪽으로 당기는 것.
- 백 스톱(back stop) ··· 본루 뒤의 백 네트.
- 백 업(back up) ··· 어떤 야수가 폭투나 실책에 대비하여 직접 볼을 받고 있는 수비 선수의 뒤쪽으로 돌아가 이중 수비 태세를 갖추는 일. 받쳐주기.
- 백 핸드 캐치(back hand catch) ··· 글러브를 낀 손의 반대쪽에 오는 공을 손만 그 방향으로 향하여 포구하는 일. 역 싱글.
- 백 홈(back home) ··· 주자가 본루로 귀환해서 득점하는 것을 막기 위해 야수가 타구를 본루로 송구하는 일이나 주자가 홈으로 들어오는 것.
- 버스트 업(bust up) ··· 투수가 타자에게 눌려 곤경에 빠지는 경우.
- 번트(bunt) ··· 타자가 공이 가까운 거리에 떨어지도록 배트를 공에 가볍게 대는 일. 연타(軟打).
- 번트 앤드 런(bunt and run) ··· 번트하고 주자의 진루를 돕는 작전. 1루 주자는 투구와 동시에 2루로 스타트를 함. 이 경우 3루선에 번트를 하는 것이 좋으며 타자에 유리한 카운트일 때 행함. 미리 타자와 주자가 짜고 타자는 반드시 번트하는 공격법.
- 범타(凡打) ··· 안타가 되지 못한 평범한 타격.
- 베스트 나인(best nine) ··· 아홉 명의 실력이 우수한 선수.
- 베스트 텐(best ten) ··· 리그에 소속된 여러 팀 가운데서 가장 우수한 열 명의 선수.
- 베스트 피칭(best pitching) ··· 투구를 가장 잘 하는 상태.
- 베이스(base) ··· 내야의 네 귀퉁이에 있는 방석같이 생긴 물건.
- 베이스 라인(base line) ··· 베이스와 베이스를 연결하는 선.
- 베이스 러닝(base running) ··· 주자가 베이스 사이를 달리는 일.
- 베이스 맨(base man) ··· 베이스를 지키는 1 · 2 · 3루수의 총칭.
- 베이스 스틸(base steal) ··· 베이스를 훔쳐서 진루하는 일.
- 베이스 엄파이어(base umpire) ··· 누심(壘審).
- 베이스 온 볼(base on ball) ··· 타자가 포 볼(four ball)로 1루에 나가는 일.

- 베이스 커버(base cover) ··· 베이스가 비어 있을 때 다른 야수가 대신 맡는 일.
- 베이스 코치(base coach) ··· 1루나 3루의 코처스 복스(coacher's box)내에 위치하여 타자나 주자를 지휘하는 사람.
- 베이스 히트(base hit) ··· 안타.
- 베이스 히트 번트(base hit bunt) ··· 번트 타법의 하나로 타자가 수비측의 허점을 찔러 행하여 1루로 살아나가는 것. 이 번트를 할 때는 투수의 손에서 투구가 떨어질 때까지 시늉을 해선 안 되며 타자의 발이 빨라야 하는 것이 필수임. 희생 번트와는 정반대의 개념.
- 벤치(bench) ··· 선수나 감독들이 앉는 자리. 더그아웃(dugout).
- 벤치 워머(bench warmer) ··· 대기 중인 후보 선수를 이르는 말.
- 벤치 코치(bench coach) ··· 벤치에 앉아서 선수들에게 작전 지시를 하는 사람.
- 변화구(變化球) ··· 타이밍을 교란시키기 위해 공의 진행방향에 변화를 주는 투구 기법.
- 병살(倂殺) ··· 두 사람의 주자를 한꺼번에 아웃시키는 일. 겟 투(get two). 더블 플레이(double play).
- 보내기 번트(bunt) ··· 누상의 주자를 전진시키기 위한 번트. 희생 번트.
- 보디 스윙(body swing) ··· 투수나 타자가 투구와 타격을 위한 컨디션을 조절하기 위해 하는 예비 운동.
- 보살(補殺) ··· 야수가 잡은 공을 어느 누수에게 보내어 주자를 아웃시키는 일을 돕는 일. 어시스트(assist).
- 보크(balk) ··· 주자가 있을 때 투수가 규칙에 어긋난 투구 동작을 취하는 경우로 이런 경우 주자는 1루씩 자동 진루함. 주자가 없을 경우에 일리걸 피치(illegal pitch)를 하면 투구는 볼로 셈함.
- 복스 시트(box seat) ··· 네트 위의 관람석.
- 본루(本壘) ··· 홈 베이스(home base). 홈 플레이트(home plate).
- 본루타(本壘打) ··· 홈런.
- 본 플레이(bone play) ··· 판단을 잘 하지 못해서 서투르게 치른 경기.
- 본 헤드 플레이(bone head play) ··· 머리 쓰는 일이 둔한 플레이. 1898년 필립스의 감독이었던 조지 스토링스가 그의 팀의 나쁜 플레이를 이렇게 말한 데서 시작되었음.

- 볼(ball) … 공 또는 스트라이크가 아닌 투구.
- 볼 낫 인 플레이(ball not in play) … 경기 정지구.
- 볼 데드(ball dead) … 경기 정지구.
- 볼 인 플레이(ball in play) … 경기가 속행되고 있는 상태.
- 볼 카운트(ball count) … 한 타자에게 투수가 던진 공의 스트라이크와 볼의 수.
- 볼 컨트롤(ball control) … 마음먹은 대로 공을 던질 수 있는 능력이나 상태.
- 볼티모어 춉(Baltimore chop) … 본루에서 가까운 그라운드에 때려 눕히 듯이 배트를 휘두르고 높은 바운드의 땅볼을 굴리는 타법.
- 봉살(封殺) … 타자가 주자가 되었기 때문에 진루의 의무가 생긴 주자가 다음 베이스에 닿기 전에 주자 또는 그 베이스에 닿아서 죽는 경우. 포스 아웃(force out).
- 부정위 타자(不定位 打者) … 타격 순번이 아닌 타자.
- 불펜(bullpen) … 구장 외야석과 내야석 사이의 통로에 마련된 투수 연습장. 투우가 투우장에 출입하는 통로에서 유래되었음.(불은 황소, 펜은 오두막.) 전에는 구원 투수가 펜스 앞에서 연습하는 것이 관습이었는데 그 장소에 불 덤이라는 담배 회사의 광고인 소의 장식이 설치되어 있을 때가 많았음. 그래서 소를 가두는 울타리 속에 있는 것 같이 보여서 이런 명칭이 생겼다고 함.
- 브레이크(breake) … 투수가 던진 공이 휘어지는 각도.
- 블록(block) … 야수가 주자의 주로 또는 진루하려는 베이스를 막는 일. 야수가 볼을 포구하기 직전이나 이미 볼을 가지고 있을 때만 베이스 라인 위에 위치하는 블록이 허용되고 있음.
- 블록 볼(block ball) … 타자가 친 볼이나 투수가 던진 볼이 경기와 관련이 없는 사람에게 터치되든가 정지되었을 때를 일컬음. 이 경우 주심은 즉시 타임을 선언함.
- 블록 사인(block sign) … 감독 또는 투수와 포수간의 사인을 상대편에게 간파당하지 않기 위해 여러 가지 동작을 섞어 복잡하게 만든 신호.
- 비지팅 팀(visiting team) … 원정을 온 팀으로 원정 팀은 빛깔이 있는 유니폼을 착용하고 3루측에, 홈 팀은 흰색의 유니폼을 입고 1루측에 위치하는 것이 관례임.
- 비하인드(behind) … 리드(lead)의 상대어로 경기 중에 상대방보다 자기 팀의 득점이 적은 경우.

● 빈 볼(bean ball) … 투수가 고의로 타자의 머리 부근을 향해 던진 볼. 빈은 미국 속어로 머리라는 뜻. 또 더스터(duster)도 같은 의미로 쓰이고 있으나 이것은 반드시 타자의 머리를 노리는 것이 아니고 타자를 플레이트에서 멀리 떨어지게 하기 위해 타자 근처에 던지는 볼임.

● 사구(base on ball) … 포 볼(four ball). 볼이 네 개가 되어 타자가 1루로 진출하는 것.

● 사구(死球) … 데드 볼. 투구된 공이 타자의 몸에 맞았을 경우로 1루로 진출함.

● 사우스 포(south paw) … 왼손잡이 투수. 남미 출신의 선수들 중 왼손잡이로 훌륭한 선수가 많이 배출된 데서 유래되었다고 함.

● 사이드 스로(side throw) … 팔을 옆으로 휘둘러 던지는 투구법.

● 사이드 핸드 스로(side hand throw) … 팔을 몸쪽으로 해서 던지는 투구법. 사이드 스로.

● 사이클 히트(cycle hit) … 타자가 한 게임에서 1루타 · 2루타 · 3루타 · 홈런을 모두 친 경우. 순서는 상관없음.

● 사인(sign) … 자기 팀의 선수에게 상대팀 몰래 작전을 지시하는 신호.

● 사인 플레이(sigh play) … 감독이 특수한 지시를 내려 선수가 이것을 받아 움직이는 플레이. 같은 사인 플레이라도 야수간에서만 사인에 따라 플레이가 이루어지는 것은 빅 오브 플레이라 함.

● 삼관왕(三冠王) … 타율, 타점, 홈런 부분에서 1위를 차지한 선수.

● 삼루수(三壘手) … 삼루를 지키는 선수. 서드 베이스맨(third base man).

● 삼자범퇴(三者凡退) … 한 회의 공격에서 세 명의 타자가 베이스로 진출하지 못하고서 연달아 아웃이 되는 경우.

● 삼중살(三重殺) … 세 사람의 주자를 한꺼번에 아웃시키는 일.

● 삼진(三振) … 타자가 스트라이크를 세 번 당하여 아웃이 되는 경우. 스트라이크 아웃(strike out).

● 새크리파이스 번트(sacrifice bunt) … 타자는 아웃되었지만 주자를 다음 누로 진출시키는 번트.

- 새크리파이스 히트(sacrifice hit) … 희생 번트나 희생 플라이가 성공한 경우.
- 샤인 볼(shine ball) … 투수가 글러브나 유니폼으로 공을 문질러서 표면을 매끄럽게 해서 던지는 반칙 공의 한 가지.
- 섀도 플레이(shadow play) … 공을 사용하지 않고 정규의 수비 위치에서 동작만 수비하는 흉내를 내는 일.
- 서브마린 피처(submarine pitcher) … 언더 스로 투수의 속어. 서브마린은 잠수함으로 물 위로 떠오르는 모습이 마치 언더 핸드 스로의 투구와 비슷하므로 이렇게 이름붙여짐.
- 서스펜디드 게임(suspended game) … 일시 정지 시합. 부득이한 장애(법률에 의한 시간 제한, 연맹규약에 의한 시간 제한, 조명 고장 등)에 의해 마감하는 시합으로 나중에 나머지 회만 속행할 수 있음. 단 정식 시합이 될 회수가 끝나지 않으면 안 되지만 조명의 고장 경우에는 회수에 관계없이 서스펜디드 게임이 됨.
- 서킷(circuit) … 네 개의 베이스를 일주한다는 뜻으로 홈런을 의미함.
- 선구(選球) … 타자가 투구의 스트라이크나 볼을 잘 분간하는 일. 셀렉션 볼(selection ball).
- 선구안(選球眼) … 타자가 선구하는 능력. 배팅 아이(batting eye).
- 선발 투수(先發投手) … 1회부터 출전하는 투수. 스타팅 피처(starting pitcher).
- 선심(線審) … 좌우 파울 라인 외야 펜스 가까이에 위치하는 두 명의 심판.
- 세이브(save) … 구원 투수의 공적을 한층 더 명확하게 기록에 남기려고 고안해낸 것으로 구원 승리수에 세이브수를 가산하는 것. 팀이 리드하고 있을 때 릴리프하여 규정된 대로 리드를 유지하는데 유효한 투구를 했음에도 불구하고 승리 투수가 되지 못했을 때 세이브가 주어지게 되어 있음.
- 세이프(safe) … 주자가 아웃을 면하는 일.
- 세이프티 리드(safety lead) … 주자가 다음 베이스로 가기 위해 송구되어도 안전한 범위까지 베이스에서 떨어지는 일.
- 세이프티 번트(safety bunt) … 배트로 공을 가볍게 밀어서 1루로 살아나가려는 타법. 드래그 번트(drag bunt).
- 세이프티 히트(safety hit) … 기습 번트로 타자가 1루에 진루하는 경우.
- 세컨드(second) … 2루수. 세컨드 베이스맨(second base man).
- 세트 포지션(set position) … 1950년부터 만들어진 규칙 용어로 투수의 투구

자세의 하나. 투수가 디딤발을 전부 투수판 위에 놓든가 투수판 앞 끝에 닿게 해놓고 다른 발을 투수판 앞에 놓고 공을 양손으로 몸 전면에서 1초 이상 정지했다가 투구하는 자세.

● 센터(center) … 중견수. 센터 필더(center fielder).

● 센트럴 리그(central league) … 일본 프로 야구 리그의 하나. 가맹 팀은 요미우리 자이언트, 한신 타이거즈, 주니치 드래곤즈, 다이요 휠즈, 히로시마 동양 카프, 야쿠르트 스왈로즈의 6개 구단이 있음. 약칭하여 세 리그라고도 함.

● 셀러(seller) … 리그 중에서 실적이 가장 나쁜 팀.

● 셧 아웃(shut out) … 상대편에게 득점을 주지 않고 영패를 시키는 것. 완봉(完封).

● 솔로 홈런(solo homerun) … 주자가 없을 때 단독으로 홈런을 쳐서 1점을 얻는 것.

● 쇼트(short) … 유격수(遊擊手).

● 쇼트 바운드(short bound) … 투구나 타구가 잡히기 직전에 지면에 떨어져서 작게 바운드 되는 것.

● 쇼트 스윙(short swing) … 배트를 짧게 쥔 상태에서 확실히 공을 맞추는 타법.

● 쇼트 스톱(short stop) … 3루와 2루 중간쯤에서 수비를 맡아보는 선수. 유격수.

● 쇼트 페그(short peg) … 투수나 유격수, 2루수가 2루에 짧게 볼을 던지는 것.

● 숄더 볼(shoulder ball) … 타자의 어깨 부위를 겨냥해서 던지는 공으로 플라이나 파울 볼로 유도하려고 하나 자칫하면 홈런을 당할 수도 있음.

● 수비율(fielding average) … 내야와 외야의 수비 성적으로 자살과 보살의 수의 합계를 자살과 보살과 실책 수의 합계로 나눈 백분율. 여기서 자살이란 견제구로 타자를 잡는 경우를 말하며 보살이란 자기가 타구를 잡아 처리한 경우를 말함.

● 수위 타자(首位打者) … 타율이 가장 높은 타자. 리딩 히터(leading hitter).

● 슈어 배터(sure batter) … 안타를 잘 치는 믿음직스러운 타자.

● 슈트(shoot) … 커브처럼 눈에 띄게 휘어져 들어오지는 않지만 타자의 몸 가까이에서 자연스럽게 휘는 투구. 오른손잡이 투수의 경우에는 타자의 왼쪽으

로, 왼손잡이 투수의 경우에는 타자의 오른쪽으로 구부러짐.

● 스냅(snap) … 공을 던질 때의 손목의 움직임이나 그 힘.

● 스냅 스로(snap throw) … 손목의 힘을 강하게 써서 던지는 투구법.

● 스리런 호머(three run homer) … 타자를 포함해서 한꺼번에 세 점을 득점하는 홈런.

● 스리 번트(three bunt) … 타자가 투 스트라이크 후에 번트하는 것. 파울의 경우 등으로 이것이 실패하면 아웃됨.

● 스리 쿼터(three quarter) … 사이드 스로와 오버 스로의 중간 투구법으로 4분의 3 투구법. 대다수의 오버 스로 투수는 이 형임.

● 스리 피트 라인(three feet line) … 1루 중간에서 시작해서 내야 바깥쪽에 그어진 9.14cm의 장방형의 선. 타자 주자는 이 라인 바깥쪽 또는 파울 라인 안쪽을 달려 베이스로의 송구를 받으려는 야수의 동작을 방해했다고 심판이 인정하면 그 주자는 라인 아웃으로 아웃이 됨.

● 스모크 볼(smoke ball) … 연기와 같이 타자의 눈에 보이지 않을 만큼 스피드가 있는 투구.

● 스위치(switch) … 부진한 투수를 교체시키는 것.

● 스위치 히터(switch hitter) … 좌우 어느 쪽으로든 잘 칠 수 있는 타자.

● 스윙(swing) … 타자가 배트를 휘두르는 동작.

● 스윙 아웃(swing out) … 투 스트라이크일 때 배트를 휘둘렀으나 볼을 헛침으로써 삼진으로 아웃이 되는 것.

● 스카우트(scout) … 유망한 선수를 찾아내서 프로 구단에 알선하는 일이나 사람.

● 스코어(score) … 경기의 득점. 득점표.

● 스코어링 포지션(scoring position) … 단타만 때려주어도 홈인할 수 있는 2루나 3루의 위치로 주로 2루에 주자가 있는 경우.

● 스코어 보드(score board) … 경기의 득점이나 경과를 알리는 게시판. 전광판.

● 스퀴즈 번트(squeeze bunt) … 희생 번트의 하나. 무사 또는 1사에서 3루 주자의 득점을 목적으로 행하는 번트. 투수의 투구와 동시에 3루 주자가 스타트하는 수사이드 스퀴즈(suicide squeeze)와 타자의 번트를 확인하고서 달리는 세이프티 스퀴즈(safety squeeze)의 두 가지가 있다.

● 스크레치 히트(scratch hit) … 당연히 아웃이 될 타구가 불규칙 바운드 등에

의해 우연히 히트가 된 경우.

- **스크루 볼**(screw ball) ··· 리버스 커브라는 별명을 가진 변화구의 하나. 커브와는 반대의 비틀기를 볼에 가함. 투구법은 커브와 비슷한데 집게손가락을 투구 때 힘을 넣어 가운데손가락으로 공의 방향을 걸도록 하여 엄지손가락으로 공을 가운데손가락과 약손가락 사이에서 밀어내듯이 던짐. 매우 위력이 좋은 볼이지만 팔에 부담을 주어서 투수로서의 생명을 단축시키는 결과를 낳기도 함.

- **스키퍼**(skipper) ··· 감독이나 주장.

- **스타팅 멤버**(starting member) ··· 시합 개시 전에 양 팀의 감독에 의해 교환되는 멤버를 말하며 약칭하여 스타 맨이라고 함.

- **스타팅 피처**(starting pitcher) ··· 선발 투수.

- **스탠드 업 슬라이딩**(stand up sliding) ··· 슬라이딩 직후 베이스에 닿는 순간 연속 동작으로 일어서는 슬라이딩.

- **스탠드 플레이**(stand play) ··· 관중들에게 잘 보이려고 하는 과장된 동작의 플레이. 그랜드 스탠드 플레이(grand stand play)라고도 함.

- **스탠스**(stance) ··· 치기 직전의 타자 자세.

- **스테일 게임**(stale game) ··· 지겹고 재미없는 경기.

- **스텝**(step) ··· 걸음 동작. 볼에 배트를 닿게 하기 직전에 타자는 투수에 가까운 발을 딛는 것을 가리킴. 스트라이드(stride)라고도 함.

- **스토브 리그**(stove league) ··· 동계 시즌 휴정 기간 동안에 선수의 트러드, 신인의 획득 등을 둘러싸고 팀 사이에 벌어지는 동향. 스토브를 둘러앉아 괜히 그 뜬소문을 나누고 있는 것에서 유래.

- **스톨른 베이스**(stolen base) ··· 도루.

- **스트라이크**(strike) ··· 투수가 던진 공이 스트라이크 존을 지나가는 일이나 타자가 볼을 헛친 경우 혹은 파울 팁도 스트라이크로 침.

- **스트라이크 아웃**(strike out) ··· 삼진. 타자가 세 개의 스트라이크를 못 치거나 헛친 경우.

- **스트라이크 존**(strike zone) ··· 투수가 던진 공이 스트라이크로 판정되는 범위. 타자가 타격 자세를 취했을 때 겨드랑이와 무릎 사이에 해당되는 높이의 홈 플레이트 위의 공간. 타자의 키나 타격 자세에 따라 다소 차이가 있음.

- **스트레이트**(straight) ··· 포 볼로 타자를 1루에 내보내는 것이나 직구.

- **스트레이트 볼**(straight ball) ··· 직구.

- 스트레치(stretch) … 세트 포지션 때 투수가 투구할 때 팔을 모아서 두 손으로 공을 감싼 채 신체의 전방에서 일단 완전 정지한 상태.
- 스틸(steal) … 도루.
- 스틸 앤드 슬램(steal and slam) … 히트 앤드 런을 할 때 투수가 웨이스트 볼을 던져 주자만 도루하는 것.
- 스프레이 히터(spray hitter) … 좌우 어느 방향으로나 잘 치는 능란한 타자. 스위치 히터(switch hitter).
- 스프링 캠프(spring camp) … 봄에 행하는 연습.
- 스핏 볼(spit ball) … 볼에 침을 발라 스냅이 잘 되도록 하여 회전을 증가시킴으로써 커브나 드롭이 잘 되도록 던지는 볼. 1969년부터는 투구하는 손을 입 또는 입술에 대는 것을 금지하고 있음.
- 슬라이더(slider) … 속구의 일종으로 수평으로 외각에 흐르는 투구. 공을 타자 가까이에서 미끄러지듯이 바깥쪽으로 빠지게 던지는 일.
- 슬라이딩(sliding) … 볼에 터치당하는 것을 피해서 발끝·손·머리로부터 베이스에 미끄러져 들어가는 기술. 손부터 들어가는 것을 헤드 슬라이딩(head sliding), 발부터 들어가는 것을 훅 슬라이딩(hook sliding)이라고 함.
- 슬라이딩 캐치(sliding catch) … 미끄러지면서 어려운 공을 잡아내는 동작.
- 슬러거(slugger) … 장거리 타구를 잘 치는 타자. 강타자.
- 슬러깅 애버리지(slugging average) … 장타율. 단타를 1, 2루타를 2, 3루타를 3, 홈런을 4로 계산해서 그 총계를 타수로 나눈 것.
- 슬럭 페스트(slug fest) … 안타가 많이 나오는 것.
- 슬럼프(slump) … 제 실력을 발휘하지 못하는 부진한 상태가 오래 가는 현상이나 침체된 경기.
- 슬로 볼(slow ball) … 속구에 대응하는 느린 볼.
- 승률(勝率) … 투수나 팀의 승리수를 전시합으로 나눈 백분율로 무승부 시합은 시합수에 가산하지 않음. 승률이 1에 가까울수록 좋으며 리그 전일 경우는 팀 순위를 이 승률로 결정함.
- 승리 투수(winning pitcher) … 한 시합에서 팀 승리에 가장 공적이 있던 투수. 승리 투수가 되려면 선발 투수는 5회 이상 던져야 하며 그 투수의 등판 중 자기 팀이 리드하고 있는 것이 필요함. 중간에 동점이 되면 그 이후의 투수의 성적으로 승리 투수를 정함.
- 시구식(始球式) … 시합을 시작하기 직전에 저명인사가 처음으로 포수에게

공을 던지는 의식.

- **시그널**(signal) ··· 심판이 몸짓이나 손으로 선고하는 행동.
- **시리즈**(series) ··· 계속되는 경기.
- **시소 게임**(seesaw game) ··· 형세가 서로 엇비슷한 일진 일퇴의 경기.
- **시트**(seat) ··· 선수의 수비 위치.
- **시트 녹크**(seat knock) ··· 수비 연습의 하나. 야수가 각기 정해진 위치에서 포구와 투구 연습을 할 수 있게 홈에서 배트로 공을 쳐내는 일.
- **시프트**(shift) ··· 타자의 특성에 따른 야수의 수비 위치를 이동하는 일이나 수비 태세.
- **실책**(失策) ··· 실수. 에러(error). 미스 플레이(miss play).
- **싱글 핸드 캐치**(single hand catch) ··· 한 손으로 공을 잡는 행동.
- **싱글 히터**(single hitter) ··· 단타를 잘 치는 타자.
- **싱글 히트**(single hit) ··· 1루로 출루할 수 있는 안타. 1루타.
- **싱커**(sinker) ··· 볼이 타자에게 가까이 와서 가라앉듯이 떨어지는 변화구.

  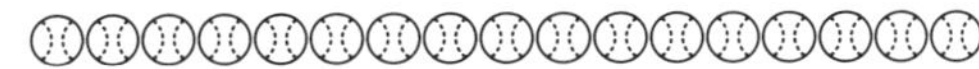

- **아마추어 야구**(amateur baseball) ··· 실업단 야구.
- **아메리칸 리그**(American league) ··· 1900년에 시카고의 반 존슨을 중심으로 결성된 미국의 프로 야구 연맹의 하나. 내셔널 리그와 함께 메이저 리그를 형성함. 동부 지부 소속에는 뉴욕 양키즈, 보스턴 레드삭스, 클리블랜드 인디언즈, 디트로이트 타이거즈, 볼티모어 올리온즈, 밀워키 브류워즈, 토론토 블루제이스가 있고 서부 지부에는 시카고 화이트삭스, 텍사스 레인저스, 오클랜드 어틀레틱스, 미네소타 트윈즈, 캘리포니아 앤젤스, 캔자스시티 로열즈, 시애틀 매리너스 팀이 소속되어 있음.
- **아웃**(out) ··· 타자와 주자가 공격할 자격을 잃는 일.
- **아웃 드롭**(out drop) ··· 투수가 던진 공이 타자 앞에 와서 갑자기 떨어지는 듯하면서 바깥쪽으로 꺾이는 투구.
- **아웃 슈트**(out shoot) ··· 투수가 던진 빠른 공이 타자의 몸 가까이에 와서 급히 밖으로 휘는 공.
- **아웃 카운트**(out count) ··· 아웃의 수. 원 아웃, 투 아웃, 스리 아웃이라 부

름.

● 아웃 커브(out curve) … 투수가 던진 공이 타자 앞에 와서 갑자기 바깥쪽으로 꺾이는 공.

● 아웃 코너(out corner) … 타자 쪽에서 보아 홈 베이스의 중앙부의 바깥쪽 부분. 외각(外角).

● 아웃 코스(out course) … 타자로부터 먼 쪽으로 지나가는 공의 길.

● 아웃 필더(out fielder) … 외야수.

● 안전 진루권(安全 進壘權) … 타자를 제외한 각 주자가 아웃되지 않고 한 개씩 그 앞의 베이스를 차지하는 경우. 보크나 타자가 사사구를 얻었을 때 등에 주어짐.

● 안타(安打) … 타자가 베이스까지 안전하게 나갈 수 있도록 공을 치는 것. 히트(hit).

● 알파승(alpha 勝) … 먼저 수비한 팀의 득점이 먼저 공격한 팀보다 득점이 많을 경우에는 최종회 공격을 하지 않고 경기를 마치고 승리하는 것.

● 애드저지드(adjudged) … 심판원의 판단으로 내리는 재정(裁定).

● 앳 배트(at bat) … 타자가 타격을 완료한 회수. 사사구(四死球), 희생타, 타격 방해가 되었을 경우에는 포함하지 않음. 타수(打數).

● 야수(野手) … 내야수와 외야수의 총칭. 필더(fielder).

● 어드밴티지(advantage) … 유리한 상황.

● 어시스트(assist) … 수비하는 데 있어서 다른 선수가 자살(刺殺)하는 것에 보조적인 역할을 한 선수에게 주는 기록상의 용어. 보살(補殺).

● 어퍼 스윙(upper swing) … 낮은 공을 아래에서 위로 올려치는 스윙.

● 어필 플레이(appeal play) … 수비 팀이 공격측 팀의 규칙 위반을 지적하여 심판원에게 아웃을 선고하도록 요구하는 일. 어필은 비구를 잡았는데 주자가 귀루하지 않은 경우, 주자가 누를 지날 때 터치하지 않은 경우, 1루를 오버런하거나 오버 슬라이드하고 곧 되돌아가지 않은 경우, 주가 본루에 닿지 않고 더구나 다시 터치하려 하지 않는 경우, 타순을 바꿔 타격이 끝난 경우에 할 수 있음.

● 어헤드(ahead) … 자기 팀이 상대방 팀보다 득점이 많은 경우. 리드(lead).

● 언더 셔츠(under shirt) … 유니폼 속에 입는 팔이 긴 셔츠.

● 언더 핸드 스로(under hard throw) … 팔을 어깨 밑으로부터 위쪽으로 치켜올리면서 공을 던지는 방법. 낮게 찌르는 타구에는 적당하지 않음.

- 언드 런(earned run) ··· 자책점. 투수의 책임이 되는 상대 팀의 득점. 안타, 희생타, 도루, 야수 선택, 포 볼 등에 의해 상대 팀이 득점하는 경우나 투수의 폭투 및 보크로 생환하여 득점하는 경우를 일컬음. 자책점이 적을수록 좋은 투수임.
- 언드 런 애버리지(earned run average) ··· 투수의 방어율.
- 엄파이어(umpire) ··· 심판원. 그 임무에 따라 구심, 누심, 선심으로 나눔.
- 에러(error) ··· 잡을 수 있는 타구나 승구를 실수하는 것. 실책.
- 에버스 시스템(Ever's system) ··· 미국 메이저 리그 초기 존 에버스가 고안한 방법으로 번트하는 체하여 내야수를 앞으로 유인한 후 주자의 도루를 도와주는 것.
- 에이스(ace) ··· 팀의 기둥이 되는 피처. 주전 투수.
- 엑스트라 이닝 게임(extra inning game) ··· 연장전이 된 회.
- 엑시비션 게임(exhibition game) ··· 승부를 두지 않고 기술을 공개하는 목적으로 하는 모범 경기.
- 엔타이틀 투 베이스(entitle two base) ··· 타구가 원 바운드로 스탠드에 들어가거나 던진 공이 폭투가 되어 덕아웃에 들어갔을 때 타자와 주자에게 두 개의 베이스가 주어지는 안전 진루권.
- 영구 결번(永久缺番) ··· 프로 야구의 구단이 재적한 선수의 활약에 보답하기 위해 그 선수의 백 넘버를 다른 선수에게 물려주지 않고 퇴단 후 영구히 보존하여 공로에 보답하는 일. 미국에서는 뉴욕 양키즈에서 타격왕이라고 불리운 루 레릭그 1루수의 4번이 최초이며 홈런왕 베이브 루스의 3번, 조 대마지오의 5번, 미키 맨틀의 7 등이 영구 결번임.
- 오너(owner) ··· 프로 야구단의 대표자.
- 오더독스(orthodox) ··· 오른손잡이 투수나 직구로 타자와 승부를 거는 정통파 투수.
- 오버 런(over run) ··· 주자가 달리던 가속도 때문에 베이스를 지나친 상태.
- 오버 슬라이드(over slide) ··· 주자가 슬라이딩한 여세로 베이스에서 떨어져 아웃이 될 상태에 놓여지는 경우.
- 오버 핸드 스로(over hand throw) ··· 팔을 머리 위로 휘둘러 올려 아래로 던지는 투구법.
- 오클럭 시스템(o'clock system) ··· 주심을 포함한 심판이 주자가 이동되는 플레이 때 시계 방향으로 위치를 돌며 플레이상의 판정을 내리는 형태.

- 오펜스(offense) … 공격 중인 선수나 팀.
- 오픈 게임(open game) … 시즌 오프 등에 행해지는 연습 경기.
- 오피셜 룰즈(official rules) … 공인 야구 규칙.
- 올 라운드 플레이어(allround player) … 잘 치고 잘 지키고 잘 달리는 만능 선수.
- 올마이티 히터(allmighty hitter) … 사이클 히트(cycle hit)를 친 선수.
- 올터네이트 볼(alternate ball) … 주심이 보관하는 예비용 볼.
- 올 스타 게임(all star game) … 미국의 아메리칸 리그와 내셔널 리그의 우수 선수를 선발하여 매년 7월에 행하는 게임이 시초임. 팀 구성은 리그의 전년도 우승 팀의 감독이 되며 팬 투표로 투수를 제외한 8명의 선수, 코치를 정하고 그 밖의 선수는 감독이 결정함.
- 옵스트럭션(obstruction) … 주루 방해. 야수가 볼을 갖고 있지 않거나 처리할 태세를 갖추고 있지 않을 때 주자의 진루를 방해하는 반칙 행위.
- 와인드 업(wind up) … 투구의 예비 동작. 투수가 잘 쓰이는 팔을 크게 돌리거나 양손을 머리 위로 높이 쳐드는 일.
- 와인드 업 포지션(wind up position) … 투수의 투구 자세. 디딤 발을 전부 투수판 위에 놓거나 투수판의 앞 끝에 닿도록 놓고 다른 발은 투수판 위에 놓거나 투수판을 벗어나게 놓을 때는 그 뒤 끝 선보다 뒤쪽에 놓고 두 손으로 볼을 보지하는 자세.
- 와일드 스로(wild throw) … 좋지 못한 나쁜 송구.
- 와일드 피치(wild pitch) … 투수가 폭투하는 일로 포수가 잡지 못할 경우.
- 완봉(完封) … 투수가 완투하여 상대 팀에게 전혀 득점을 주지 않은 승리. 셧 아웃(shut out).
- 완전 경기(完全競技) … 한 사람의 투수가 히트, 사구, 데드 볼을 주지 않고, 실수에 의한 출루도 없고 매 회마다 세 사람으로 공격을 끝낸 한 게임. 퍼펙트 게임(perfect game).
- 외야(外野) … 내야 뒤쪽의 파울 라인 안의 지역.
- 외야수(外野手) … 외야를 맡아서 수비하는 선수. 아웃 필더(out fielder).
- 우드 플레이어(wood player) … 타격은 뛰어나지만 수비가 좋지 못한 투수.
- 우익수(右翼手) … 1루와 2루의 중간 후반에 위치하는 외야수의 한 사람. 라이트 필더(right fielder).
- 원 사이드 게임(one side game) … 일방적으로 승부가 정해져 한 팀이 압도

적으로 이기는 경기.

- **원 포인트 릴리프**(one point relief) … 수비측이 한 타자만을 아웃시키고자 구원으로 내세우는 투수.
- **원 히트 투 런**(one hit two run) … 한 개의 안타로 두 점을 얻어내는 일.
- **월간 MVP** … 센트럴 리그에서 1975년부터 마련한 상이 최초로 각 월간 중 그 팀의 승리에 가장 공헌이 많았던 선수에게 자료를 바탕으로 주어지는 상.
- **월드 시리즈**(world series) … 미국의 내셔널 리그와 아메리칸 리그의 우승 팀 사이에서 행해지는 경기로 7회전 중 4회를 먼저 이기는 팀이 승리함.
- **웨이버**(waiver) … 프로 야구 구단이 선수 계약을 해제하려 할 경우에는 그에 앞서 다른 구단에 대해 계약 양도를 희망하는가 어떤가를 공시하는 것. 한 선수에게 복수 구단의 지명이 집중되는 경우에는 하위 구단부터 우선 순위가 주어짐.
- **웨이스트 볼**(waste ball) … 투수가 도루나 스퀴즈 플레이를 경계하여 타자가 치지 못하도록 일부러 스트라이크 존을 벗어나게 던져 포수가 송구하기 좋게 던지는 볼. 정식으로는 피치드 아웃(pitched out)이라고 함.
- **웨이팅 서클**(waiting circle) … 다음 타자석. 직경 5피트의 서클이 설정되어 있음. 넥스트 배터스 서클(next batters circle).
- **웨이팅 시스템**(waiting system) … 투수를 일부러 피곤하게 하거나 컨트롤을 흐뜨러지게 할 목적으로 볼이 좋지만 찬스를 기다리는 작전.
- **위닝 런**(winning run) … 승부를 판가름할 수 있는 중요한 1득점.
- **위닝 볼**(winning ball) … 투수가 최후의 타자를 아웃시켜 승리를 획득했을 때 사용한 공.
- **위닝 숏**(winning shot) … 투수가 타자를 아웃시키기 위해 던지는 스리 스트라이크째의 정확한 볼 결정구.
- **위닝 피처**(winning pitcher) … 승리 투수.
- **위닝 히트**(winning hit) … 승리를 결정지은 안타.
- **윈드 브레이커**(wind breaker) … 투수가 유니폼 위에 덧입는 재킷.
- **유격수**(遊擊手) … 2루와 3루 사이에서 2루 쪽으로 있는 수비 선수. 내야수.
- **유니폼**(uniform) … 선수들이 똑같이 입는 운동복.
- **유틸리티 플레이어**(utility player) … 공격과 수비를 모두 잘 하는 선수.
- **이닝**(inning) … 양 팀이 공격과 수비를 한 번씩 끝내는 시간. 한 회.
- **이닝 피치드**(inning pitched) … 투수가 던진 투구 회수.

- 이레귤러 바운드(irregular bound) ··· 공이 그라운드의 요철로 인해 예상 외의 방향으로 바운드 되는 것으로 안타로 기록됨. 불규칙 바운드.
- 이십 초 룰(twenty second rule) ··· 투수의 규칙에 주자가 누에 없을 때 투수는 볼을 받은 후 20초 이내에 타자에 투구하지 않으면 안 되고 이를 어길 때는 심판이 볼을 선언함. 이 규칙은 시합을 스피드 업(speed up)시키기 위해 정한 것.
- 이어플랩 헬멧(earflap helmet) ··· 타자가 귀를 보호하기 위해 쓰는 헬멧.
- 이중 사인(double sign) ··· 특히 2루에 주자가 있는 경우에 포수로부터의 사인을 도둑맞지 않기 위해 우선 투수가 사인을 보내 포수가 이것을 받아 사인을 낸다는 혼합 방식.
- 이지 플라이(easy fly) ··· 별로 어렵지 않게 잡아낼 수 있도록 위로 솟은 볼.
- 인공 잔디 ··· 합성수지 소재의 고무를 깔아놓은 잔디. 이 특징은 불규칙 바운드가 거의 없어 안타가 많고 비가 온 후에도 시합 개시가 원활함.
- 인 더 홀(in the hole) ··· 투수나 타자의 카운트가 불리하게 되었을 경우. 예를 들어 피치 인 더 홀은 노 스트라이크 스리 볼일 때이고 배터 인 더 홀은 투 스트라이크 노 볼과 같은 경우임.
- 인 도어 베이스볼(in door baseball) ··· 실내 야구.
- 인 드롭(in drop) ··· 타자 가까이에서 안쪽으로 굽어 들며 아래로 처지는 투구.
- 인디케이터(indicator) ··· 구심이 타자의 볼 카운트를 잊지 않기 위해 사용하는 계수기.
- 인사이드 볼(inside ball) ··· 안쪽으로 굽어서 들어오는 공.
- 인사이드 시스템(inside system) ··· 2루에 주자가 있을 때 2루심이 세컨 베이스의 안쪽으로 들어와서 진행을 지켜보고 판정을 내리는 일.
- 인사이드 워크(inside work) ··· 교묘하게 플레이를 하기 위해 머리를 쓰는 일. 두뇌 플레이. 주로 포수의 투수 리드를 가리킴. 헤드 워크(head work).
- 인사이드 프로텍터(inside protector) ··· 주심이 유니폼 속에 착용하는 가슴 보호용 막이.
- 인 슈트(in shoot) ··· 투수가 던진 빠른 공이 타자의 몸 가까이에 와서 급히 안으로 휘는 공.
- 인 제퍼디(in jeopardy) ··· 공격측의 선수가 아웃이 될 위험에 있는 상태.
- 인 커브(in curve) ··· 투수가 던진 공이 타자 안쪽으로 꺾이는 공.

- 인 코너(in corner) … 타자측에서 보아 홈 베이스의 안쪽.
- 인 코스(in course) … 타자 가까이로 지나가는 공의 길.
- 인터벌(interval) … 투수의 타자에 대한 투구 간격.
- 인터피어런스(interference) … 포수의 타격 방해, 공격측의 수비방해, 심판의 방해, 관중의 방해 등 상대방의 플레이를 고의로 방해하는 일.
- 인텐셔널 베이스 온 볼스(intentional base on balls) … 경원사구, 고의사구, 포수와 투수가 타자를 꺼려 고의로 걸려 보내는 공.
- 인플라이트(inflight) … 공이 지면에 닿기 전에 떠 있는 상태.
- 인 필더(in fielder) … 내야를 수비하는 선수의 총칭.
- 인 필드(in field) … 내야, 본루, 1루, 2루, 3루로 에워싼 사각형 부분.
- 인 필드 프렉티스(in field practice) … 수비수들이 자기 위치에서 녹커가 쳐 주는 공을 받고 던지는 수비 연습.
- 인 필드 플라이(in field fly) … 무사 또는 1사에서 주자가 1, 2루 또는 만루 때 내야수가 당연히 포구할 수 있는 페어 플라이를 친 경우. 심판은 즉시 이를 선고하며 타자는 포구되거나 못 하거나 불문하고 아웃이며 주자는 볼 인플레이이므로 위험을 무릅쓰고 진루할 수 있음. 플라이가 누상의 주자에게 닿은 경우는 타자만 아웃으로 시합은 정지되고 베이스를 벗어난 주자에 맞으면 타자와 주자가 모두 아웃이 되며 시합은 정지됨. 번트의 페어 히트가 플라이 된 경우는 인 필드 플라이가 아님. 이 규칙은 고의로 내야 비구를 낙구하여 중살을 꾀하는 것을 방지하기 위해 규정된 것.
- 인 필드 히트(in field hit) … 내야에서 공이 떨어져 안타가 되는 경우.
- 일리걸 피치(illegal pitch) … 반칙 투구. 투수가 투수판에서 발을 떼고 투구하는 행위, 공에 다른 것을 더 대거나 이물질을 묻혀서 투구하는 경우, 타자의 허를 노려 투구하는 행위 등으로 보크가 됨.
- 일리걸리 배티드 볼(illegally batted ball) … 반칙 타구. 공격 중인 타자가 한 발 또는 양 발을 배터 복스의 선 밖으로 내딛고서 투수의 공을 치는 행위로 이는 아웃이 됨. 규칙 위반의 배트로 친 타구도 반칙으로 인정됨.
- 임팩트(impact) … 투구한 공이 배트에 맞는 순간.

ㅈ

- **자살(刺殺)** … 주자가 주루를 베이스와 베이스 사이에서 수비진에 잡혀 아웃이 되는 일. 또 야수가 플라이를 잡거나 다른 데서의 송구에 의해 타자와 주자를 아웃시키는 일. 런 다운(run down). 척살.
- **자유계약 선수(free agent)** … 프로 야구 구단에서 자유로이 어느 구단에도 계약할 수 있는 선수로 구단과의 계약이 해소된 선수나 어느 프로 구단과도 계약한 적이 없는 선수를 일컬음.
- **자책점(自責點)** … 사구(死球), 안타 등 투수의 잘못으로 상대 팀에 준 점수. 자기 팀의 에러나 패스트 볼 등이 얽힌 경우는 해당되지 않으며 방어율을 산출하는 기초가 됨. 언드 런(earned run).
- **잔루(殘壘)** … 공격 팀과 수비 팀이 교체할 때에 주자가 본루에 돌아오지 못하고 베이스에 남아 있는 일. 레프트 온 베이스(left on base).
- **장타(長打)** … 2루타 이상의 안타. 롱 히트(long hit).
- **저글(juggle)** … 공을 잡을 때 글러브 안에서 공이 튀는 것.
- **저스트 미트(just meet)** … 타이밍에 잘 맞춰서 공의 중심을 배트에 맞추는 것.
- **저지(judge)** … 심판원이나 판정.
- **적시 안타(適時安打)** … 누상에 주자를 두고 때려 타점을 올리는 안타. 적시타. 타임리 히트(timely hit).
- **전천후 구장(全天候球場)** … 눈이나 비에도 야구를 볼 수 있도록 지붕이 있는 구장. 1965년 미국 텍사스 주 휴스턴의 애스트로 돔(해리스 카운트 스타디움)이 세계 최초의 지붕이 있는 구장임.
- **제구력(制球力)** … 투수가 마음먹은 대로 공을 던질 수 있는 능력.
- **제소 게임(提訴 game)** … 프로 야구에서 심판원이 규칙에 위반되는 판정을 했을 때 감독이 그 판정에 대한 심의를 청구하는 제소를 할 수 있으며 소청위원회에서 그것을 받아들이면 위반이 되는 그 상황에서 게임을 다시 하는 것.
- **져킹(jerking)** … 달리다가 갑자기 멈추는 것.
- **좌익수(左翼手)** … 3루수와 유격수의 중간 외야의 수비에 서 있는 선수. 레프트 필더(left fielder).
- **주루(走壘)** … 주자가 누에서 누로 달리는 것. 베이스 러닝(base running).
- **주심(主審)** … 구심(球審).

- 주전 투수(主戰投手) … 여러 팀과 투수들 가운데 가장 뛰어난 투수.
- 중견수(中堅手) … 2루 베이스의 후방을 수비하는 외야수. 센터 필더(center fielder).
- 중도(重盜) … 두 주자가 동시에 도루하는 것. 더블 스틸(double steal).
- 지명 타자(指名打者) … 투수의 대타로서 타순에 넣은 타격 전문의 선수로 공격 때만 시합에 참가함. DH(designated hitter)로도 쓰임.
- 직구(直球) … 곧게 던지는 공.
- 진루(進壘) … 주자가 다음 베이스로 옮기는 것.

ㅊ

- 척살(刺殺) … 상대의 타자와 주자를 아웃시키는 마지막 수비.
- 체인지(change) … 스리 아웃이 되어 공수를 바꾸는 일.
- 체인지 업 볼(change up ball) … 볼에 변화를 가한 투구. 폼은 바꾸지 않고 구질이나 공의 코스를 바꿔 타자의 타이밍을 놓치게 하는 공.
- 체인지 오브 페이스(change of pace) … 타자가 볼을 잘 쳐내지 못하도록 타이밍을 바꾸는 기술로 번갈아 변화시킴. 체인지 업(change up).
- 초크 히터(choke hitter) … 짧게 배트를 잡고 공을 가볍게 때려 치는 타자.
- 촉구(觸球) … 야수가 공을 잡은 글러브나 공을 주자에게 대는 것.
- 촙 히터(chop hitter) … 배트를 짧게 쥐고 단타 위주로 때리는 타자.
- 최우수 구원 투수상 … 1976년에 미국에서 처음 고안한 상으로 세이브 수와 구원승리 수의 합계가 가장 많은 투수에게 수여되는 상.
- 최우수 방어율 투수 … 시즌을 통해 가장 방어율이 우수한 투수로 한 팀당 짜여져 있는 시합 총수와 같은 수 이상의 이닝을 투구해야만 자격이 주어짐.
- 최우수 선수 … 약칭으로 MVP(most valuable player)라고도 하며 그 시즌을 통해서 모든 점에서 가장 우수했던 선수에게 주어지는 명칭.

ㅋ

- 카드(card) … 짜 맞춤. 승부. 호 카드는 좋은 대항.

- 캐처(catcher) … 투수의 공을 받는 선수. 본루 후방에 위치함. 포수.
- 캐처스 라인(catcher's line) … 포수선. 포수의 자리를 표시한 네 개의 선.
- 캐처스 복스(catcher's box) … 투수가 투구할 때까지 포수가 있는 장소.
- 캐치(catch) … 포구(捕球). 야수가 떠 있는 공을 정확히 받는 일이나 투구나 송구 등을 글러브로 정확히 받음.
- 캐치 볼(catch ball) … 공을 던지고 받는 연습.
- 캔버스(canvas) … 1, 2, 3루에 놓는 베이스 표시를 캔버스 백으로 표시하기 때문에 부르는 이름.
- 캠프 인(camp in) … 합숙 연습에 들어가는 일.
- 캡틴(captain) … 팀의 주장. 우두머리.
- 커미셔너(commissioner) … 프로 야구 최고 기관의 대표자로 분쟁을 조정하고 부정 등의 판정을 함.
- 커버(cover) … 수비자가 다른 수비자가 없는 틈에 베이스를 지켜주는 일.
- 커브(curve) … 투수가 던진 공이 타자 가까이에 와서 왼쪽이나 오른쪽으로 구부러지는 공.
- 커브 머신(curve machine) … 타격 연습을 할 때 투수 대신 공을 던지는 기계.
- 커트(cut) … 타자가 투수가 던진 공을 잡아채듯이 치는 일. 또는 야수가 던진 공이 목적한 야수에 도달하기 전에 다른 야수가 중간에서 잡아버리는 일.
- 커트 오프 플레이(cut off play) … 본루를 향해 포수에게 송구한 것을 투수가 중간에서 잡아 다른 주자의 진루에 대비하는 플레이.
- 컨버트(convert) … 수비의 위치를 바꾸는 일.
- 컨트롤(control) … 투수의 제구력.
- 코너 볼(corner ball) … 투수가 던진 볼이 본루의 내각이나 외각을 통과하는 볼.
- 코너 스톤(corner stone) … 포수. 포수의 구실은 팀 전체의 초석이 된다는 뜻에서 나온 말.
- 코너 워크(corner work) … 투수가 교묘한 컨트롤로 홈 플레이트를 벗어날 듯 말 듯한 공을 던져 타자를 괴롭히는 것.
- 코처(coacher) … 주로 코처스 복스에서 주자에게 사인과 주의를 주는 코치.
- 코처스 라인(coacher's line) … 공격측이 내는 1, 3루 코치의 정위치로 1, 3루의 바깥쪽에 흰 선으로 표시함.

- 코치(coach) … 감독 밑에서 선수들에게 기술과 정신을 가르치는 사람.
- 콜(call) … 심판이 판정한 것을 소리내어 말하는 것.
- 콜드 게임(called game) … 양 팀이 모두 5회 이상의 공격이 끝난 후 비가 오거나 날이 어두워 도저히 시합을 계속할 수 없거나 분쟁으로 인해 경기를 진행시킬 수 없을 때 주심이 중지시킨 시합. 그때까지의 득점에 의해서 승부를 결정지음.
- 콤비네이션(combination) … 야수의 협동 수비 동작이나 투구의 배합.
- 쿠션 볼(cushion ball) … 구장의 펜스나 벽에 맞아 튀겨 오르는 공.
- 퀵 리턴 피치(quick return pitch) … 타자가 다음 준비를 하기 전에 투수가 포수로부터의 반구를 받자마자 즉시 투구하는 템포가 빠른 피칭을 말하는데 이것은 반칙 투구. 주자가 베이스에 있을 때 반칙 투구를 하면 보크가 됨.
- 크로스 파이어(cross fire) … 십자 투구법. 투수가 던진 볼이 본루를 비스듬히 가로지르는 공으로 투수판의 바깥쪽을 밟고 본루의 반대쪽 코너에 던지는 투구법.
- 클러치 히터(clutch hitter) … 찬스를 얻었을 때 정확한 안타를 쳐주는 타자.
- 클로스 게임(close game) … 서로 실력이 백중한 접전.
- 클린 업(clean up) … 타자가 강타를 쳐서 베이스에 있는 주자를 모두 홈인시켜 깨끗이 청소한다는 말.
- 클린 업 맨(clean up man) … 4번 타자.
- 클린 업 트리오(clean up trio) … 3대 강타자를 뜻하는 말로 보통 3, 4, 5번 타자를 가리킴.
- 클린 히트(clean hit) … 멋지게 맞은 타구로 수비자의 사이를 빠져나간 히트.
- 키 스톤(key stone) … 2루. 건축에서 아치 맨 위에 놓는 날카로운 돌을 본따 이렇게 부름.
- 키 스톤 콤비네이션(key stone combination) … 2루수와 유격수가 주로 2루 상의 플레이에서 이루는 협동 수비.

- 타격 방해(打擊妨害) … 수비자가 타자의 타격을 방해하는 것으로 벌칙으로 1루가 주어지는 규정. 그러나 동점 9회말에서 1사 주자 3루일 때 다음 타자가

외야에 희생 플라이가 될 듯한 1타를 날리면 이것은 굿바이 게임이지만 포수의 미트가 배트에 닿아 타격 방해가 된 타자는 1루에, 3루 주자는 그 자리에 머무름.

- 타석수(打席數) ··· 타자가 타석에 들어서서 타격을 완료한 회수로 포 볼, 희생타, 희생 번트, 플라이, 타격 방해, 주루 방해로 1루를 얻은 회수를 제외한 수.

- 타율(打率) ··· 타자의 강약을 나타내는 지수로 안타에서 타수를 뺀 것으로서 이때 타수는 타자가 타석에 등장한 타석 수에서 포 볼, 희생타 및 타격이나 주루 방해 등으로 출루한 경우를 제외한 비율. 배팅 애버리지(batting average).

- 타이 게임(tie game) ··· 5회 또는 그 이상 게임을 행하고 날씨 사정 등의 기타 이유로 마감하는 게임에서 무승부로 끝나는 경우. 정식 시합의 일부로 개인 기록은 가산됨.

- 타임(time) ··· 정규로 플레이가 진행되는 시간.

- 타임리 에러(timely error) ··· 결정적 실수.

- 타임리 히트(timely hit) ··· 적시타.

- 타임 앳 배트(time at bat) ··· 타자가 타격을 끝내기까지의 시간. 타격 시간.

- 타자의 달리는 권리 ··· 타구를 다루는 야수에 주자가 접촉하면 고의든 고의가 아니든 주자 아웃이 원칙인데 이 경우에는 달릴 권리를 인정함. 그러나 주자가 고의로 부딪치면 아웃됨.

- 타점(打點) ··· 타자가 안타 등으로 자기 팀에 얻게 한 점수.

- 태그(tag) ··· 야수가 확실하게 공을 잡고 그 신체를 주자나 베이스에 대는 행위.

- 터치(touch) ··· 공을 주자에게 갖다대는 일.

- 터치 아웃(touch out) ··· 수비측이 주자의 몸에 공을 대서 아웃시키는 일. 척살.

- 터치 업(touch up) ··· 주자의 후속 타자가 친 비구를 야수가 잡았을 때 주자가 다음 베이스로 진출하기 위해 일단 자기 베이스로 돌아오는 일.

- 터칭 베이스(touching base) ··· 주자를 아웃시키기 위해 공을 베이스에 대는 것.

- 턴 오버(turn over) ··· 타구가 베이스에 닿았다가 위로 넘어가거나 옆으로 빠져나가는 경우. 혹은 배팅할 때 양손을 바꿔 잡는 동작.

- 테이크 더 마운드(take the mound) … 투수가 투수판 위에 등장함.
- 테일 엔드(tale end) … 리그 전에서의 최하위 성적의 팀.
- 텍사스 히트(texas hit) … 평범한 타구가 공교롭게도 외야와 내야의 중간에 떨어져 안타가 되는 경우. 텍사스 리거(texas leaguer).
- 토너먼트(tournament) … 경기 때마다 패자를 제외시켜서 최후에 남은 둘이서 우승을 결정하게 하는 경기 방식.
- 토스(toss) … 한 야수로부터 다른 야수에게 송구할 때 둘 사이의 간격이 짧아 가볍게 밑으로 공을 던지는 것.
- 토스 배팅(toss batting) … 가까이에서 던져진 느린 공을 타자가 가볍게 맞추는 타격 연습.
- 톱 배터(top batter) … 각 회에 첫번째로 치는 타자. 혹은 타순의 첫번째를 치는 타자.
- 톱 볼(top ball) … 연식 야구공. 에보나이트의 심을 털실로 싸고 그 위로 스펀지 모양의 고무로 쌌음.
- 투구(投球) … 투수가 타자에게 던지는 공.
- 투 런 홈런(two run homerun) … 주자가 한 명일 때 친 홈런으로 2점을 얻음.
- 투 베이스 히트(two base hit) … 2루타.
- 투수(投手) … 내야의 중앙에서 포수에게 공을 던지는 선수. 피처(pitcher).
- 투수 교대 제한 … 같은 회에 투수 이외의 수비 위치에 두 번 이상 교대할 수 없음.
- 투수판(投手板) … 투수가 투구할 때 반드시 발의 일부가 닿아야 하는 판자. 피처스 플레이트(pitcher's plate).
- 투 스텝(two step) … 투수가 타자에 투구할 때 투수판을 두 번 바꾸어 밟고 던지는 것으로 부정 투구가 됨.
- 투 플러툰 시스템(two platoon system) … 똑같은 실력의 선수를 한 수비 위치에 두 사람씩 배치한 후 두 가지의 멤버를 구성해서 상대 투수나 작전에 따라 분간해서 두 사람을 쓰는 방식.
- 트랩 플레이(trap play) … 함정에 빠뜨리는 플레이. 잡을 수 있는 공을 일부러 떨어뜨리고 타자나 주자를 아웃시키는 것 같은 플레이.
- 트레이드(trade) … 프로 야구 팀 간의 이적(移籍).
- 트리플 스틸(triple steal) … 수비측의 세 명이 한꺼번에 도루하는 일.

- 트리플 크라운(triple crown) … 프로 야구에서 수위 타자, 홈런 왕, 타점 왕의 세 개를 한 사람이 독점한 사람. 3관왕.
- 트리플 플레이(triple play) … 삼중살(三重殺). 수비측의 연속 플레이에 의하여 공격측 선수를 세 명이나 잇달아 아웃시키는 경우. 세 개의 아웃 사이에 에러가 있는 경우는 예외임.
- 트릭 플레이(trick play) … 속임수를 구사하여 상대 주자를 아웃시키는 일.
- 팀 컬러(team color) … 팀이 가지고 있는 분위기나 특색.
- 팁(tip) … 배트를 스치고 그대로 포수에게 노 바운드로 잡힌 공. 파울 팁(foul tip).

- 파울(foul) … 타구가 본루에서 1, 3루측의 파울 그라운드에 멈춘 것.
- 파울 그라운드(foul ground) … 파울 라인 바깥쪽.
- 파울 볼(foul ball) … 파울 그라운드 밖으로 떨어진 타구. 또는 야수 등에 닿지 않고 내야에 떨어진 후 1, 3루의 베이스 보다 앞에서 파울 그라운드로 나간 타구.
- 파울 팁(foul tip) … 타자의 배트를 스쳐 직접 포수의 미트 속으로 들어간 파울 볼.
- 파울 폴(foul pole) … 파울 라인이 펜스에 닿는 곳에 세운 파울 라인의 연장.
- 파울 플라이(foul fly) … 파울 그라운드 위로 쳐올려진 타구.
- 파인 플레이(fine play) … 수비 선수가 아주 어려운 공을 잡아내는 일.
- 파이널 게임(final game) … 최후의 승부를 다루는 결승전.
- 파이어 맨(fire man) … 소방수의 뜻으로 구원 투수의 별명.
- 파이어 크로스 볼(fire cross ball) … 투수가 안쪽과 바깥쪽의 각을 잘 이용하여 타자가 치기 어렵게 던지는 투구.
- 판 고 스틱(fun go stick) … 포구 연습에 사용하는 가늘고 가벼운 배트. 녹트 배트(knock bat).
- 팜 볼(palm ball) … 투수의 투구 기술의 하나. 손바닥을 써서 볼에 회전을 걸지 않고 밀어내듯 던지는 투구법으로 타자의 손 근처에서 떨어지는데 체인지 오브 페이스에서 흔히 쓰임.

- 팜 시스템(farm system) ··· 팜 팀에 미숙한 선수를 수련시키는 제도.
- 팜 팀(farm team) ··· 대 리그의 구단과 자금적 계열 관계를 갖고 마이너 리그에 소속하는 구단. 선수를 양성시키는 것이 주목적임.
- 패스드 볼(passed ball) ··· 투수가 던진 공을 포수가 뒤로 놓쳐 빠뜨리는 것.
- 패전 투수(敗戰投手) ··· 팀의 패전에 가장 책임이 큰 투수로 자신이 9회까지 던져서 졌을 경우와 자신이 던지고 있을 때 리드당해 졌을 경우와 동점에서 릴리프하여 졌을 경우가 이에 속함.
- 패퇴 행위 ··· 프로 야구에서 의식적으로 패하여 승리하기 위한 최선의 행위를 게을리한 것으로 케미셔너나 위원회의 제재를 받게 됨.
- 퍼스트 스로(first throw) ··· 첫번째 송구.
- 퍼펙트 게임(perfect game) ··· 완전 시합. 한 팀이 상대편 팀을 무안타, 무득점, 무사구로 지켜 무실책 즉 한 명의 주자도 내보내지 않고 이긴 경기.
- 펌블(fumble) ··· 땅볼이나 바운드 볼 등의 타구를 야수가 일단 받는 듯이 멈추었으나 이내 떨어뜨린 것.
- 페넌트(pennant) ··· 우승기나 팀 이름을 나타내는 삼각형 모양의 깃발.
- 페드 어웨이(fade away) ··· 드롭의 일종으로 손목을 비트는데 따라서 타자 가까이 와서 갑자기 속력이 둔하여 급각도로 떨어지는 공.
- 페어(fair) ··· 페어 그라운드 안에 떨어진 타구. 또는 야수 등에 떨어져 1, 3루의 베이스 위나 그 뒤쪽으로 해서 파울 지역으로 나간 타구.
- 페어 그라운드(fair ground) ··· 파울 라인 안의 지역.
- 페어 플라이(fair fly) ··· 페어 그라운드 내에 떠오른 플라이.
- 페어 플레이(fair play) ··· 바르고 정정당당한 행동이나 태도.
- 페어 히트(fair hit) ··· 안타.
- 페퍼 게임(pepper game) ··· 토스 배팅. 타격 연습에 앞서 두세 명의 선수를 상대로 타자가 볼을 가볍게 치는 연습법.
- 펜스(fence) ··· 필드를 둘러싼 울타리.
- 포구(葡球) ··· 땅 위로 굴러가는 공. 땅볼. 그라운더(grounder).
- 포 볼(four ball) ··· 투수가 타자에게 스트라이크 아닌 볼을 네 번 던지는 일.
- 포수(葡手) ··· 본루를 지키며 투수가 던진 공을 받는 선수. 캐처(catcher).
- 포스 아웃(force out) ··· 봉살. 후속 타자가 주자가 되었기 때문에 다음 베이스에 가야 할 주자가 미처 베이스에 닿기 전에 수비측에서 던진 공으로 아웃되는 일.

- 포스 플레이(force play) … 누상에 있던 주자가 후속 타자의 타격에 의해 다음 누로 진루해야 할 때 생기는 플레이.
- 포지션(positon) … 선수들의 자기 정 위치.
- 포크 볼(fork ball) … 집게손가락과 가운데손가락 사이에 볼을 끼우고 던지는 투구. 속구와 마찬가지 동작으로 던지되 볼이 타자의 손 근처에서 아래로 떨어지는 것으로 너클 볼과 비슷함.
- 포피티드 게임(forfeited game) … 경기 중에 한 팀이 심한 부정 행위를 저지르거나 구심의 지시를 어겨 경기 속개를 거부한다든가 규정 시간에 도착하지 않았을 때 경기를 몰수하고 정당한 팀에게 9-0으로 승리를 선언하는 경기. 몰수 경기.
- 폴로 스로(follow throw) … 타구나 투구의 효과를 올리기 위해 배트나 팔의 스윙을 그 방향으로 계속하여 실시하는 동작.
- 폽 플라이(pop fly) … 작은 비구. 가볍게 때리거나 빗맞은 볼이 내야수의 수비 범위에 작은 비구가 되어 날아갈 때를 말함. 소프트 플라이(soft fly).
- 푸시 번트(push bunt) … 배트를 휘두르지 않고 가볍게 밀 듯이 치는 번트. 오른쪽 타자는 1루로, 왼쪽 타자는 3루로 미는 것이 유리함.
- 푸시 히터(push hitter) … 배트를 휘두르지 않고 밀 듯이 치는 타자.
- 풀 베이스(full base) … 베이스마다 주자가 꽉 차 있는 것. 만루.
- 풀 카운트(full count) … 타자의 카운트가 투 스트라이크 스리 볼이 되었을 경우.
- 풀 히터(full hitter) … 우타자라면 좌익 방향으로, 좌타자이면 우익 방향으로 대부분의 타구가 날아가는 경향의 타자.
- 풋 아웃(put out) … 척살(刺殺).
- 프랜차이즈(franchise) … 원래 뜻은 이익을 독점하는 것으로 미국의 프로 야구가 인구를 기본으로 하여 구단 수를 정해 그 도시를 본거지로 한 흥행법으로 프랜차이즈 시스템이라고 함. 야구단이 있는 본거지.
- 프로야구 조정 위원회 … 프로 야구 선수나 구단은 다음 년도의 계약 조건 중 금전에 관한 사항으로 합의에 달하지 않을 때 어느 쪽에서든 연맹 회장에게 조정을 신청할 수 있으며 그 경우 회장은 조정위원회를 구성하며 커미셔너와 양 연맹회장이 참석함.
- 프론트 오피스(front office) … 회사 등의 수뇌부나 간부. 미국 프로 야구계에서 흔히 쓰임. 팀에 의해 관리 체제는 각기 다르나 팜, 스카우트, 입장권 문

제, PR, 흥행에 관한 것, 통계, 자료, 시즌 복스 부분의 책임자.

● 프리 배팅(free batting) … 18m 가량 떨어진 곳에서 보통 속도의 공 또는 타자가 원하는 종류의 공을 던지게 하여 침. 자유 타격 연습.

● 프리크 딜리버리(freak delivery) … 공에 특수 액체나 미끈거리는 것을 칠해서 던지는 공.

● 플라잉 스타팅(flying start) … 주자가 터치한 후 뒤로 물러섰다가 다시 누를 밟고 다음 누로 가려는 것.

● 플레이 볼(play ball) … 경기의 시작.

● 플레이스 히트(place hit) … 수비가 약한 곳이나 수비자들 사이의 공간을 이용한 안타.

● 플레이어(player) … 경기에 임하는 선수.

● 플레이 오프(play off) … 메이저 리그 등에서 지역 우승 팀끼리 싸워서 리그의 우승을 결정하기 위한 우승 결정전.

● 플레이 인(play in) … 수비 위치를 이동하여 얕은 수비를 펼치는 작전.

● 플레잉 매니저(playing manager) … 선수와 감독을 겸하는 사람.

● 피벗 맨(pivot man) … 더블 플레이를 할 때 중계자의 역할을 하는 선수.

● 피싱 트립(fishing trip) … 묘한 투구로 타자가 스윙한 것.

● 피처 인 더 홀(pitcher in the hole) … 투수가 볼 카운트 0-3, 2-3, 1-3처럼 불리한 조건에 몰리는 경우.

● 피처스 플레이트(pitcher's plate) … 투수판.

● 피처스 피벗 푸트(pitcher's pivot foot) … 투수가 투구할 때 판에 딛고 있는 발.

● 피치(pitch) … 투수가 타자에게 공을 던지는 일.

● 피치드 아웃(pitched out) … 주자의 도루를 예상하고 포수의 요구로 타자에게 타구시키지 않은 공을 던져 포수가 송구하기 편하도록 하는 것.

● 피칭(pitching) … 투수가 타자를 향해 공을 던지는 일. 투구.

● 피칭 머신(pitching machine) … 타격 연습을 하려는 타자에게 공을 던지는 기계.

● 피칭 스태프(pitching staff) … 투수진.

● 피트 퍼스트 슬라이딩(feet first sliding) … 두 발을 길게 뻗고 누운 듯이 들어가는 슬라이딩.

● 픽업 팀(pick up team) … 우수한 선수를 여러 팀에서 선발하여 편성된 팀.

- 픽 오프 플레이(pick off play)… 투수가 주자를 잡으려고 베이스에 들어가는 야수에 송구하여 주자를 겨누어 잡는 전법. 야수 또는 포수 사이에 의함. 투수로부터 유격수로의 송구가 많으며 포수가 플레이를 행하는 수도 있음.
- 핀치(pinch)… 수비측의 난국이나 위기. 공격측에서는 찬스가 됨.
- 핀치 러너(pinch runner)… 대주자(代走者). 득점할 기회에 정주자 대신 나서서 달리는 주자. 판단력과 발이 빠른 타자가 유리함.
- 핀치 히터(pinch hitter)… 대타자(代打者). 득점할 기회에 정타자 대신 기용되는 타자.
- 필더(fielder)… 야수(野手).
- 필더스 초이스(fielder's choice)… 야수 선택. 페어 땅볼을 잡은 야수가 1루에서 타자 주자를 아웃시키는 대신에 앞의 주자를 아웃시키려고 다른 베이스로 송구하는 것.
- 필딩(fielding)… 야수가 포구하거나 송구하는 일련의 수비 연습.

흐

- 하드 드라이브(hard drive)… 맹렬한 타구.
- 하드 히트(hard hit)… 장타력이 있는 타자.
- 하이 볼(high ball)… 높이 솟은 타구나 송구.
- 하프 스윙(half swing)… 타자가 배트를 휘두르다가 중도에서 멈추는 행위.
- 하프 웨이(half way)… 플라이가 타구되었을 때 누상의 주자가 다음 베이스에의 적당한 중도까지 리드하는 것.
- 핫 볼(hot ball)… 강하게 맞은 볼.
- 핫 코너(hot corner)… 3루. 1880년 신시내티의 힉 카벤트 3루수가 맹렬한 대시로 그의 몸을 뚫는 듯한 라이너를 7회나 잡아낸 것을 보고 신문기자가 이름을 붙인 것에서 유래.
- 헐러(hurler)… 투수의 별명.
- 헛슬(hustle)… 맹렬히 움직이는 것. 용감하며 기민한 플레이.
- 헤드 슬라이딩(head sliding)… 머리에서부터 미끄러져 베이스 쪽으로 가는 것.
- 헤드 업(head up)… 타격 중 배트를 스윙할 때 턱이 올라가 볼에서 눈이 떨

어지는 것. 외각의 공, 특히 외각의 커브 등을 잘 때리지 못함. 또한 헤드 업 하는 타자는 어깨의 앞쪽을 배터스 복스에서 당기므로 더욱 외각으로 흐르는 공을 때리지 못함.

- 헤드 코치(head coach) … 팀의 으뜸이 되는 코치.
- 헤비 배터(heavy batter) … 강타자.
- 헬멧(helmet) … 머리를 충격으로부터 보호하기 위해 쓰는 모자.
- 호머(homer) … 홈런.
- 홀 오브 페임(hall of fame) … 명예의 전당이란 뜻으로 야구의 발상지인 뉴욕 주의 쿠버스 타운에 있는 야구 박물관.
- 홈 그라운드(home ground) … 그 팀의 본거지에 있는 야구장.
- 홈런(home run) … 타자가 홈 베이스까지 살아서 돌아올 수 있도록 친 안타로 주로 공이 외야의 펜스를 넘어간 것을 말함. 본루타. 호머(homer).
- 홈런 더비(homerun derby) … 한 시즌 중의 홈런을 경쟁하는 일.
- 홈런 킹(homerun king) … 홈런 왕. 한 시즌을 통해 가장 많은 홈런을 때린 타자에게 주는 타이틀.
- 홈 베이스(home base) … 포수가 있는 자리. 본루. 홈 플레이트(home plate).
- 홈 스틸(home steal) … 3루 주자가 포수와 투수의 허점을 틈타 홈으로 들어가는 일.
- 홈 인(home in) … 득점. 살아돌아옴.
- 홈 팀(home team) … 다른 팀을 맞이하여 싸우는 주인격의 팀.
- 홈 플레이트(home plate) … 홈 베이스. 본루판.
- 홉(hop) … 타자 가까이 와서 갑자기 위쪽으로 떠오르는 투구.
- 홉 플라이(hop fly) … 배트에 헛맞아 작게 쳐올려진 플라이.
- 훅 슬라이드(hook slide) … 발이 갈고리 모양으로 굽어져서 베이스에 미끄러져 들어오는 것.
- 희생번트(sacrifice bunt) … 2사 이전에 타자의 번트로 한 사람 또는 몇 사람의 주자가 진루하고 타자는 1루에서 아웃이 되었을 때 기록됨. 그 번트로 다음 베이스에 진루하려는 주자가 한 사람이라도 아웃이 되면 희생 번트가 되지 않음. 보내기 번트.
- 희생타(sacrifice hit) … 번트나 플라이로 자기는 희생하고 주자의 진루를 돕는 것으로 희생 플라이와 희생 번트를 일컬음.

- 희생 플라이(sacrifice fly) … 무사 또는 1사에서 타자가 플라이를 때려서 포구된 후 주자가 득점하거나 포구되지 않았을 때 주자가 득점하는 경우.
- 히트(hit) … 안타.
- 히트 바이 피치드 볼(hit by pitched ball) … 데드 볼(dead ball). 투구가 타자의 몸에 닿아서 1루로 진루할 수 있는 것.
- 히트 앤드 런(hit and run) … 원래는 발이 빠른 주자를 누에 놓고 평범한 타자가 나간 경우 더블 플레이를 당하지 않게끔 고안된 것. 1사 주자 1루의 타자에게 유리한 카운트에서 행함. 우선 1루 주자가 2루를 향해 달리고 2루수 또는 유격수를 2루로 끌어들여 이로써 비어 있는 곳을 타자가 노려 치는 전법. 타자가 오른쪽을 잘 치고 1루 주자가 준족의 경우에 효과가 있음.
- 히팅 시스템(hitting system) … 타자가 투수의 던지는 스트라이크 볼을 적극적으로 치고 나가는 공격 전법.

속성 야구 마스터

지은이 牧 野 茂
편역자 스포츠 편집실
펴낸이 남   용
펴낸데 一信書籍出版社

1 2 1 − 1 1 0 서울 마포구 신수동 177−3
등 록 : 1969. 9. 12. No. 10−70
전 화 : 703−3001∼6
FAX : 703−3009
대체구좌 / 012245−31−2133577